U1020861

聪明人为什么会犯愚蠢的错误

How to Find a Black Cat in a Dark Room

[以] 雅各布 · 布拉克_著
何佩莹_译

中国法制出版社
CHINA LEGAL PUBLISHING HOUSE

引　言

一位智者曾说："最困难的是在漆黑的房间里找出一只黑猫，尤其是在没有猫的情况下。"也就是说，在事情开始之前，你最好知道自己要寻找什么。那些不明白所寻找事物的属性的人，将无法找到它们。但是对于那些在没有猫的漆黑房间里发现一只黑猫的人呢？我们应该说他们是有创造性的，还是说他们是幻想家？

至于那些看了用热感相机拍摄的黑猫照片的人，他们听说确实有可能找到黑猫，或者黑猫躲在不明显的地方。他们是否应将照片视为有关方制作的假照片，还是应把它视为机会，来扩大自己对黑猫的一般看法，尤其是对暗室里的黑猫？

我生于 1948 年，也就是以色列成立的那一年，我在那里长大和接受教育。像我的国家一样，我也曾经历了很多：我在以色列理工学院修读工程学，后来毕业于哈佛商学院的PMD项目；我曾是担任指挥官军衔的海军军官，也创办过一家领先的管理咨询公司，并且是西蒙·佩雷斯“100天”团队的成员，为他担任总理做准备；后来我成立了长青投资公司，成为以色列风险投资产业的先驱。2007年，我离开商界，致力于写作和社交活动。在这些年间的经历中我学到了一件事，那就是军事、商业和慈善事业的背后都是人，而人的本质靠心理学传达。因此，我正在寻找的“黑猫”通常藏在行为科学领域的非凡研究中。

本书介绍了一些有助于我个人完成人生旅程的研究结果。书中提出的研究并不是随意的，但也绝不是因为其具有科学上的重要功能。这些研究反映了我的追求，旨在服务于我的世界观。网络时代的非虚构作品需要引导思想，而行为科学中的非虚构作品最终需要引导该领域的研究。

尽管如此，这里引用的见解和发现都来自真实的好奇心，不受我的偏见影响。它们很重要吗？不一定。无论如何，值得记住的是，时间是最好的策划人。重要的不一定是新的，新的可能并不重要。

除了一项又一项有趣的研究发现，本书提出的核心问题是：我们在多大程度上受到他人经验和这些研究发现的束缚？我们是否被当作大数据的一部分，行为倾向是否在行为研究中得到了总结？或者更确切地说，我们是否有选择不同行为的自由？换句话说，我们是否需要向他人学习，或者人类的一些普遍行为是否适用于我们周围的每个人，而不适用于我们自身？矛盾的是，如果你像我一样在研究结论中认同自己，即使它们揭示了我们不那么恭维的一面，如嫉妒、报复、物质主义或拖延——你也有机会向他人学习，得出结论，并选择一条对你的情感世界和你所生活的社会的福利承担更大责任的道路。另外，如果你继续觉得自己是如此的独特，以至于这些发现不适用于你，那么你可能会错过一个重要的改变机会。

这本书分为四章，每章都有几篇文章。

在题为《**生活值得过下去**》的章节中，你会发现“错失恐惧症”的危害——对错过的恐惧。这种对错过社交或其他事情的恐惧让我们疯狂地从玩一个小电子产品到玩另一个小电子产品。但真正重要的问题是我们是否真的错过了什么。

在本章中，我们还将发现最终测试结果的有限重要性，谦卑所带来的平静中的幸福，以及我们所能控制的幸福的10条法则，其中一些并非不言而喻。

《聪明人为什么会犯愚蠢的错误》这一章反映了伴随着我们日常生活决定的一些普遍的偏见。你会发现我们对自己几乎是陌生的，我们的统计无知，再加上过分的自信，会产生一种不稳定的混合物而导致我们做出错误的决定。事实上，智慧是那些认识到自己知识局限性的人的一种道德品质。

《一切有序》一章回顾了人类在面对生活混乱时制造秩序的一些常用工具。一些人是有意识的，比如以执着的努力准备“待办事项”清单；还有些人是无意识的，比如倾向于把更多的注意力放在消极因素，而不是积极因素上。事实证明，消极事件在我们的大脑中比积极事件影响更深刻，且大脑中与情绪活动相关的大部分神经元都在寻找坏消息。原因何在？

《喧哗中的孤寂》打破了历史的平衡问题：我们希望作为个人产生影响，而我们的社会性需要归属感。技术手段的独特结合和人际信任等社会价值观的被侵蚀，正在为一个已定义为自恋的时代铺平道路。社会钟摆还能回到平衡状态吗？本章还试图探讨我们是否更相似或不同，并解释我们对竞争对手的厌恶的根源。

本书的研究（和故事）促使我重新审视自己的世界观。现在，它们也是你的了，我希望你能像我一样在书中找到自己。

目录

第一章
生活值得过下去

第三章
一切有序

第四章
喧哗中的孤寂

第一章

生活值得过下去

但愿

生活总会为你开另一扇窗，叫明天

“我们错过生活的方式就是生活。”

——兰德尔·贾雷尔

“未曾经历的人生是值得人期待的，但平淡的人生就不值得感悟吗？”英国精神分析学家亚当·菲利普斯在他的书《失意人生：赞美未过上的日子》中一开始就提出了这样的问题。他表示，当我们发现我们想象中的生活作为阴影笼罩着我们的现实生活时，这个问题就变得很重要了。未曾有过的人生可能是我们想要的生活，却因我们没有把握机会而错过了。

菲利普斯补充道：“我们发现，这些平淡的生活最明显体现在我们对他人的嫉妒，以及我们对我们的孩子提出的有意识（和无意识）的要求，试图使他们成为比自己更优秀的人。”还有一些人，他们的生活被唠叨故事吞噬。

达尔文的理论的一个可悲的副产品就是接受这一事

实：作为属于某个特定物种的个体，我们没有任何独特之处。我们认为自己是独一无二的，只是为了给我们的生活赋予意义。从父母教育开始的独特感被消费文化所强化，这完全取决于满足主体表面上“独特”需求的能力。当这些需求得不到满足时，人们就会感到遗憾。

在过去，特别是在具有更严格行为准则的文化中，因为选择生活方式的自由有限，我们感到遗憾的机会较少。以成就为导向使选择自由成为神话的社会，很难令人摆脱悔恨。似乎正是因为这样，我们认为未曾经历的人生能让我们变得更加独特。现实几乎总是令人失望，后悔往往避免不了。这方面的研究分为源于行动的后悔（我们希望没有做过已做的事情），以及因无作为或遗漏而感到后悔（我们乐意做的事情却没有做）。

研究表明，在短期内，因行动（如选择不合适的工作）而产生的遗憾大于无作为（如没有完成学业）而产生的遗憾。然而，从长远来看，当受访者被问及他们一生中最大的遗憾时，他们关注的往往是他们未曾做过的事——未曾接近的男人或女人，未曾追求想做的工作，在父母去世前未能与他们恰当地告别。研究还表明，我们倾向于对我们认为代表一个巨大机会的不作为表示最强烈的遗憾：首先是错过的受教育机会，其次是错失的职业机会。根据悔恨的程度，接下来是恋人之间的关系、为人父母的表现、自我发展和利用闲暇时间方面的不作为。

与因不作为而产生的后悔相比，因行动而产生的后悔不会那么让人不安的直接原因是，我们至少有机会纠正行动的结果（如放弃我们选择的不合适的工作）。而另一方面，我们永远铭记着那些我们未曾接近的女人或男人。另一种对不作为感到后悔的解释是，我们行为的后果是有限的，而不作为的结果受到评估它们的想象力的影响，而且往往被放大到不合理的比例。

尽管如此，所有研究人员对这一重要课题的研究结果都是基于健康参与者的反应，其中一些参与者年龄太小，无法从正确的角度评估他们的生活。这就提出了一个简单的问题：他们的反应会在他们生命的最后发生变化吗？如果可靠性是我们的指路明灯，那么也许我们需要和那些知道自己的日子已经屈指可数的人核实一下答案。这正是布朗妮·韦尔所做的。韦尔是澳大利亚的一名临终护士，专门为临终的病人提供护理，因此了解他们生命最后几周所经历的最大的遗憾。她在博客中把他们的见解记录下来，后来出版成了一本书（《临终前的五大遗憾》）。在书中，韦尔描述了人们在生命的最后一天获得的反省的清晰性。她讲述了她如何很快发现在她与病人的谈话中出现的话题，他们表达的遗憾，以及他们可能会做的不同的事情。这些是从那些知道自己无法再过上自己没有过的生活的人那里听到的5个最常见的遗憾：

1. 我希望我有勇气去面对真实的自己，而不是一生都为了别人的期许而生活。

“这是我在病床前最常听见的遗憾。”韦尔在她的博客中说道，“当人们意识到他们的生活即将结束，并且清醒地回顾过去时，很容易看到有多少梦想没有实现。”“大多数人甚至连一半的梦想都没有实现，却不得不承认这是由于自己所做的选择，或者没有做出的选择……健康带来的自由很少有人意识到，直到他们病了。”

2. 我希望我没有这么努力。

这个遗憾几乎来自每一个我照顾的男病患。“他们为了工作而错过了孩子的成长和伴侣的陪伴。妇女们也谈及这一遗憾。但由于她们大多数人来自年老一代，许多女性患者并不是负责养家糊口的人。”韦尔总结说，“几乎每一个我照顾的男病患都深深地后悔自己终其一生不停地工作，而忽略了家庭和婚姻生活。”

3. 我希望我更勇于说出自己的感受。

韦尔在她的博客中进一步解释说：“很多人为了和他人和平相处而抑制自己的感情。结果，他们安顿下来，过着平庸的生活，因而让自己无法成为真正有能力的人。”这位护士声称，医学证明，他们死前患上的一些疾病都与他们感觉到的日益恶化的痛苦和怨恨的情绪息息相关。她建议道：“我们无法控制他人的反应。然而，尽管旁人可能会被你的坦白吓到，不过同时这也让你们之间的关系提高到一个全新而且更健康的水平。”

4. 我希望能和我的好友保持联络。

韦尔的患者承认，他们在死前才领悟到与老朋友保持联系的重要性，但为时已晚。很多人沉迷于自己的生活，多年来让“黄金友谊”从自己身上溜走了。很多人后悔没有花足够的时间经营彼此的友情。韦尔说道：“每个人都会在临死前想念他们的朋友。”并指出“在忙碌的生活方式中，友谊溜走是很常见的”。在你一步步走向死亡之际，金钱和地位都突然失去了光彩。她总结道：“到了人生的尽头时一切都取决于情感和人际关系。”“在人生最后的几周，只有爱和关系仍然会陪伴着你。”

5. 我希望我能让自己更快乐地过这一生。

韦尔对此遗憾感到惊讶，许多患者都对此感到遗憾。“原来许多人直到最后才意识到幸福是一种选择。他们一直坚持着旧的模式和习惯不肯做出改变，让熟悉的‘舒适圈’充斥在他们的情感和物质生活中。而因为害怕改变，他们对自己和别人假装自己对人生很满足。在内心深处，他们其实都希望自己当初能笑得更多更开怀，能多一点点蠢事发生也好。”

逃离矩阵

错失恐惧症困扰着我们的现实生活，但这里有方法能让你解脱

这是一个你可能会喜欢的测试：给以下场景分别以 1 至 7 的评分，1 代表略微不适，7 代表十分痛苦。

场景 1

像每天早晨一样，你正在新闻网站浏览新闻。然而，今天你比预计时间晚了些，只剩 15 分钟的浏览时间，而不是往常的 30 分钟。你必须跳过一些最喜欢的专栏和章节。你会给这种不适程度打几分？（大多数人可能会选择一个较低水平的分数，比如 2 分）

场景 2

你正在纽约旅行，发觉无法看完所有展览、所有推荐的剧目，甚至无法游览一小部分当地朋友大加赞扬的那些“到纽约不得不去的地方”。你会给这种场景打几

分？（可能是 5 分）

场景 3

你正在和朋友吃饭，并且也已经认可这个晚上严格执行“谁都不得带手机”的规定。但是你的智能手机不会停止出现新消息或短信提醒。显然在你的社交网络上正有什么新鲜事发生，但你无法查看。这种压力即使 7 分也不够用了吧！

欢迎加入“错失恐惧症”（Fear of Missing Out）俱乐部。这是一种新出现的文化紊乱，正在暗中破坏我们内心的平和。错失恐惧症是技术进步和社会信息激增的一种产物，是害怕错过正在别处发生的更刺激、更重要或更有趣的东西的感觉。这是一种不安的心理，担心别人在获得更有意义的体验，而自己却不能成为其中一员。根据最近的一项研究，使用社交网络的人中，大约有 56% 是这种现代病患者。

当然，这种错失感也不新鲜。许多文学作品都描写过不切实际的愿望与保守主义之间令人心痛的冲突。仅举几例，远在我们能用 Facebook 与高中同学联络之前，伊迪丝·华顿、夏洛蒂·勃朗特、司汤达都描写过对错失的焦虑。

然而，当19世纪的文学作品主人公用毕生精力与仅有一次的错失斗争时，今天源源不断的信息流却是对这个瞬息万变的世界的恼人提醒。当你在读这篇文章时，你可能就错过了某些朋友正在举行的聚会，或其他朋友正在进行的饭局。你可能在电话讲到一半时就想挂断去接另一通，即使你不知道来电者是谁。晚上，当你再一次郑重发誓要把手机放到一旁或关掉计算机之后，你还是忍不住在上床前最后看一眼屏幕——生怕错过某些相识的人发布的趣闻，甚至是陌生人的关注请求，或仅是一些新闻。

研究显示，临终遗憾总是更集中于我们没做过的事，而不是曾经做过的那些。如果是这样的话，持续关注别人正在做而自己没能参与的事，就是将来回顾过往时的痛苦情绪的根源。正在桌子另一端进行的生动对话就能令我们的“错失恐惧症”发作，正如一系列令人眼花缭乱的表演、聚会、书籍或社交网络推送给我们的最新消费趋势。

我们迷人的网络人格——从远处看是如此诱人——

使得错失恐惧症更加强烈。麻省理工学院社会心理学家、《群体性孤独：为什么我们对科技期待更多，对彼此却不能更亲密？》的作者雪莉·特克说，科技已经成为我们用来定义亲密关系的主要构成。在社交网络上成百上千的“好友”与现实中少数的亲密朋友对比中，我们感到困惑。基于数百次采访结果，特克称，我们为技术繁荣付出的代价是重要关系品质的逐渐下降——与父母、与孩子，或与伴侣——以及另一种孤独感的产生。“出于对所处人际关系的不安全感及对亲密关系的焦虑感，我们期盼利用科技来获取建立人际关系的方式，同时从中保护自己。”她写道。如果你曾纳闷某人不停地发送短消息却没有与身边人交流，你会从特克的评论中得到安慰，即我们与技术的关系仍在发展。始终与所有人都保持联系是一种新的人生体验，我们只是还没有准备好怎样处理它。

特克说，如果我们能成功地将自己从那些电子设备中抽离，哪怕只是短暂的一会儿，我们对科技的依赖就能够得到缓解，将来某天，我们是不是会从“匿名错失恐惧症互助会”那里购买设备，帮助我们戒除科技瘾？我设想有一款以随机的、无法预料的时间间隔传递信息的设备——发送人和接收人都无法预先得知这种延迟，这样，有科技瘾的人惊喜地发现，自己即使在某些情况下错过了信息，仍能过得挺好。

即使有这些干预，这个问题也只有当我们明白大脑和人性——而不是技术——是导致成瘾的原因之后才能解决。如果我们不能诚实地问自己为什么如此害怕错过，就无法寻求解决方案。

牛津大学社会科学家安德鲁·普日比斯基最近首次对这种迅猛发展的文化紊乱现象进行了实证研究，结果在 2013 年发表于《计算机在人类行为研究中的应用》杂志上。他的结论显示，不论在什么地方，错失恐惧症都是使用社交网络背后的驱动因素。年轻人中错失恐惧症水平最高，尤其是男性年轻人。在开车不专心的驾驶员中错失恐惧症也很严重，当他们开车时，脑子里却在想别的事情。最有启迪性的发现可能是，在诸如爱、尊重、独立性、安全感等方面心理需求有缺失的人群中，错失恐惧症出现的可能性最大。毕竟，我们担心在爱和归属感上有错失；那些在工作中十分投入的人也担心错失升职或加薪机会。

牛津大学进化心理学家、《一个人需要多少朋友》的作者罗宾·邓巴说，只有当我们对自己有深入了解时，问题才可能得到缓解。邓巴称，当一个团体有超过150名成员时，我们就缺乏区分他们的情感和智力的能力。这是新石器时代农村的平均规模。把这个结果告诉美国青少年吧，他们平均每个月发送3000多条短消息（根据市场调查巨头尼尔森2010年的一份报告），他们担心如果不及时回复就会被排斥，他们有时与成千上万的人在网络上交流。

能不受他人意见影响并从社会比较中解脱出来是一种胜利，但只有极少数人做得到。拥有强大的自我约束能力并能承受错失恐惧症力量的人也很少。

那么，对于降低我们生活质量的事我们能做些什么呢？对错失恐惧症潜在情感因素的心理治疗成本太高，也太有侵入性，仅仅发誓离开电子设备也不起作用。相反，对付错失恐惧症最好的办法可能是承认，在疯狂的生活节奏中，有时候我们必然会错过。而且，如果我们这样做，我们也许就能真正改善所选择的结果。

这个简单的方法最早由美国多学科研究者及诺贝尔经济学奖得主赫伯特·西蒙于1956年提出。他使用的术语是“满意解决法”。他建议我们不试图将利益最大化，而是寻找一种仅仅是“足够好”的结果。西蒙的方法来自一种假设，即在复杂的决策问题上，我们只是缺乏优化决策的认知能力。我们无法处理在权衡所有可能的选择和结果中所需的大量信息——无论是否在社交网络上。因此，最好的方法是“满意解决法”——选择第一个符合我们预设标准的、足够好的可能选项。

1996年，西蒙出版了一本自传，描述了他自己在一系列不同的决策中选择“足够好”选项的生活。西蒙说，大多数偏爱最优化的人没有意识到，获得整体收益是以收集信息的沉重负担为代价的。在日常决策中，我们付出的代价是幸福感；如果某人身边有个一定要去最时尚的餐厅吃饭，或逛街时坚持要挑选到最完美的套装的朋友，那么他一定会感激“足够好”策略带来的解脱。

西蒙的研究显示，坚持追求最优决策的人们最终对选择的满意度不如那些做“足够好”的决策的人们。其他的研究解释了原因：前者所取得的成就实际上不如后者，尤其当决策包含衡量可能的结果时。在斯沃斯莫尔学院社会心理学家巴里·施瓦茨所做的一系列实验中，参与者填写了确定他们最优化决策倾向的自我评估问卷

（基于他们是否同意如“我不满足于次优选择”或“我常常觉得为朋友选礼物很难”的描述）。另一个问卷衡量参与者感到遗憾的倾向。而后，根据这两个问卷的答案将参与者分类。研究人员发现，最优化决策倾向与幸福感、自尊及满足感之间存在负相关，与抑郁、完美主义及遗憾感正相关。另一项研究显示，做最优化决策的人也处于更多的社会比较关系中，当他们做得不好时就会受到不利影响。

等等——社交网络错失恐惧症不正是基于这种模拟关系吗？如果是这样的话，“满意解决法”能带来解脱吗？利用西蒙的参数分析错失恐惧症，得到的结果与他研究的最优决策过程惊人地相似，表现出认知过载及对幸福感的沉重代价。

今天，信息（尤其网络信息）的丰富，消耗着我们一种宝贵的资源：有限的注意力。使已经不堪重负的注意力延伸至不计其数的信息的困难，不仅在于优先排序的认知问题，还因为我们无法专心处理这一切。我们灵魂中与错失恐惧症有关的压力在渴望帮助，恳求我们在生活质量、表现亲密感的能力及个性特质被侵蚀之前，减少表面的社会关系及在不同站点之间的疯狂跳跃。

采取“足够好”方法应对这个问题不仅仅是提高我们决策能力的策略。它首先是一种世界观，一种生活方式；许多研究人员甚至相信这是一种遗传性的人格特征。

证明该方法有效性的例子比比皆是。在商界，牺牲最优化而选择之前定义的“足够好”方式是长期最佳战略。俗话说，“牛熊都可赚钱，只有猪被屠杀”：贪婪看似能使收益最大化，实际上得不偿失。商界人士也明白“在谈判桌上留点余地”，尤其在导向长期合作关系的交易中。经验丰富的资本市场投资者明白，以“在市场最高点卖出”为目的的投资决策，最终所获的收益还不及一旦达到满意收益就卖出。有许多企业倒闭是因为没有在生产出易推广的、“足够好”的、有利可图的产品时就停止扩张，相反，他们被雄心勃勃的工程师用复杂的技术指针和不切实际的计划包围。

英国历史学家理查德·奥弗里在他的著作《盟军为什么获胜》中分析了“二战”结果。他认为，德国军队试图将武器效用发挥到最大，代价是策略性的作战效率损失。战争中，德国一度拥有不少于 425 种飞机、115 种卡车以及150种摩托车。德国制造武器的技术先进性的代价是大批量生产的困难，而从战略眼光来看，大批量生产更重要。在一场与苏联的决定性战争中，一支德国部队需要为数百种武装货船、卡车和摩托车携带100万种零部件。相反，苏联仅使用2种坦克，战争中，他们的武器维护简单得多。这就是他们的“足够好”战略。

完美主义是与实现利益最大化决策结果最相关的个性特质。然而，对那些我们称之为完美主义者的人来说，生活是一张永无止境的评分表，使他们陷入挫折、焦虑，甚至抑郁。完美主义者常常混淆错误与失败。他们试图掩盖错误，甚至是不可避免的错误。他们拒绝接受个人成长所必需的批评性反馈。如果可以做到“满意解决法”，他们也许能得到解脱。

即使涉及亲密情感和爱，“足够好”方法也能起作用。英国心理学家唐纳德·温尼科特为我们提供了一个“足够好母亲”的概念——对孩子的基本需求足够细心、适当积极反应的母亲。随着孩子长大，母亲偶尔“拒绝”满足孩子的需求，使他为进入现实社会做好准备。在现实社会中，他无法总能得到自己想要的东西。孩子学习延迟满足对成年后任何形式的成功都很关键。随着我们逐渐成熟，我们与“足够好”的伴侣凑合着过。当然，可能还会有人更适合我们——但是我们可能无法在有生之年遇见那个他。

即便错失感是我们热烈追求生活的一个证明，社交网络强化我们的最优化错觉并打破所有均衡的方式也正严重损害我们的生活质量。如果你仍怀疑“足够好”方法是应对错失恐惧症的最好态度，美国散文家和诗人拉尔夫·沃尔多·爱默生的话也许能激起你的共鸣：“每一次失去，背后必有所得；每一次得到，背后也必有失去。”

单脚站立的原则

懂得何时放手

切尔滕纳姆金杯赛指的是越野障碍赛马，也是英格兰赛马行业最负盛名的赛事，为5岁或5岁以上的马准备。按规定参赛的马要飞驰3英里的赛道，途中跨越22个栅栏。该项赛事于每年3月开始，是切尔滕纳姆音乐节四天庆典的一部分。在过去的日子里，比赛让一些四足英雄一下子声名大噪，它们的雕像也都矗立在整洁的小路旁的草坪上。这也是英国几个大型的赛事之一。2012年的金杯赛吸引了人们的特别关注，关注点在赛马卡道星（Kauto Star）身上。它已12岁有余，鼻形美观，条纹棕白相间。卡道星在距离比赛还有两周半的时候在训练中受伤，因此可能会影响到它实力的发挥。但它无可比拟的竞技精神和背上那位全国最优秀的骑师鲁迪·威尔什一下子让它成为明星。

卡道星已在2007年和2009年赢了两场比赛。它为主人赢得了500多万美元奖金，在这辉煌的事业（赛马职业生涯40场竞赛中获胜23场）之后，人们都认为，今天对卡道星来说可能是它最后一场比赛了。如果它赢了，它就创造了历史，也巩固了世界第一赛马的地位。卡道星的主要对手是比它小5岁的龙腾（Long Run），在去年的比赛中，它以完成8个身位的成绩打败了卡道星。但卡道星在短暂的休整之后重新回到了比赛中，在金杯赛前数月的两场重要比赛中，它都打败了这位年轻的对手。尽管统计数据对卡道星来说不容乐观——在过去88年中，仅有两匹与它同龄的马赢得了比赛，而在1969年之后却再无记录。切尔滕纳姆赛场尤为漫长，在上斜跑道中年轻的马驹更具优势——卡道星已经向人们表明它能够在马匹统计数据册中书写新的篇章。

卡道星在其Facebook首页拥有1万多名粉丝，他们为它加油助威，希望它只要不跌倒或受伤就好。英国赛马管理局的数据显示，一匹暮年马匹在越野障碍赛中的获胜概率为4‰。如果将参赛的马匹数量考虑在内的话，你就会理解为什么它们以安静吃草的方式静待死亡的概率很小了。事实上，很多赛马在5岁前职业生涯就结束了。马的腿部结构既是它的速度之源，也是其伤痛之源。在比赛中，马的腿上负重可能是其体重的3到10倍。马的腿部骨折处理起来是非常困难的，很可能引发坏疽或感染。这种伤病通常就相当于给马判处了死刑。在此前的切尔滕纳姆金杯赛里，有 3 匹马未能顺利过栏，导致最终受伤，进而接受死亡注射脱离痛苦。

但今天，似乎每个人都想让卡道星取胜，甚至包括那些为其他马下注的人。看起来它的胜利会给每个人释放出一种信号，即长生不老是实实在在存在的。

2012 年 3 月 16 日，切尔滕纳姆赛场上聚集了 6.5 万名观众前来观赛，创造了新的纪录。赢家是名叫同步（Synchronised）的马，它的赔率是 8 倍。龙腾第三个完成比赛。而卡道星呢？它没能跑到终点。卡道星保持领先，完美地跳过了第一个障碍，但在第九个栅栏之后，令观众懊恼的一幕出现了，骑师鲁迪・威尔什决定停止比赛，将盛装的卡道星带到终点，解下马鞍。威尔什表示，他感觉卡道星在跨过水障的时候比以往都要用力，担心继续比赛的话会给它带来致命的伤病。他的担忧在同步身上得到了应验。这位赢家最终在英国国家越野障碍赛后一个月就死亡了。

媒体会赋予参赛的马人性化特征（就像费德勒一样，你想看他一次又一次地征战），这种行为可以理解，但我的关注点完全集中在骑手上——决定了赢的马的荣誉、他自己的荣誉以及失去宝马的风险。更深入来看，我很感兴趣的问题是，他退赛的决定究竟是在马进入赛场的时候做出的，还是在比赛中做出的，抑或是在推测出获胜希望渺茫的时候做出的。如果提前就决定退赛，威尔什需要强大的意志力，毕竟他要失去的是比赛和丰厚奖品。除威尔什的技术水平和与卡道星的亲密程度会影响他在比赛中的决定外，这位观察仔细且经验丰富的骑手已经意识到了卡道星比赛能力和肌肉水平的下降，因此决定不再冒险。但我们这些旁观的人呢？我们被迫要做出重要的决定，尽管我们并没有威尔什做出决定时那样高超的技巧和敏感度。

“地勤人员在准备放飞热气球的时候，必须拉住篮子防止它提前飞走。他们双手抓住篮子，一只脚踩住靠近底座的把手。只有一条神圣不可打破的规则，那就是在控制地面的把手时，要一直将一只脚踩在地面上，单脚站立。”在2011年1月的《今日心理学》杂志上，杰夫·怀斯将这条重要规则背后的原理告诉了读者，这样做的目的是确保地勤人员的安全，他们要操纵不断变化的航天器，天气的一个迅速变化就会破坏其稳定性。一位该领域专家向怀斯解释道："如果一阵狂风带走了气球，气球就会开始上升。如果气球上升了6英寸，你可能认为没什么大不了的，我只要在必要的时候将它踩下去就好了。在你知道已经离地6英尺的时候，你想：'我还能扭一扭脚，最好慢慢等着它降下来。'然后你就升到了30英尺的高度，如果你要跳下来的话就会伤到腿。但如果你不跳的话……"

1932年春天，当时世界上最大的氦气飞艇，即阿克伦号飞艇，试图降落在加利福尼亚州圣地亚哥的军事基地附近的一片空地上。这艘巨大的飞艇长785英尺，它在一年前被认为代表了航空技术的高峰。随着机身逐渐下降，它从退去的晨雾中出现。接近地面时，早就被分配好的200名海军学院学员已准备在他们的生命中第一次利用绳索停靠飞艇。但前三次的尝试突然遭遇暴风而扰乱了飞艇的运作，在第四次尝试时，地勤人员才抓住绳索并将巨大的飞艇拖到地上。但是，由于其中一个接环发生故障，导致飞艇往一侧倾斜并使身在其中的船员陷入困境。有些人爬上绳子，试图将身上的所有重量都放在绳上使飞艇摆正，可惜徒劳无功。当太阳的热力开始使船里的氦气变暖，飞艇便慢慢升起。一名年轻又无经验的地勤人员掉落了绳索并撞到了地面（这名地勤人员所犯的错导致他们不能着陆）。

当阿克伦号把货物卸到岸上起飞后，许多参与该活动的群众惊恐地发现有3名海军学员悬挂在半空中。第一名学员从160英尺的高空中坠落致死。接下来的那名学员随着飞扬的灰尘猛地撞在坚硬的地面上，他是营地的明星运动员，水手奈杰尔·亨顿。只有一人留在绳索逐渐隐去的飞艇上。目瞪口呆的群众看着飞艇因不断上升的高温而高达2300英尺。这紧张的局势实在令人们无法忍受，所有群众都能看到一个悬挂在艇身下方的小黑点。要从那逃离似乎是不可能的。但身处绳子上的水手查尔斯·考沃特是一名正在接受海军锦标赛训练的拳击手，他拒绝放弃，且以一种保护体力的方式将自己紧缚在绳子上，经过两个小时的试着陆后，他意识到唯一幸存的机会就是慢慢爬上飞艇，最后他成功了。当飞艇在黄昏降落时，这位足智多谋的幸存者顽固地拒绝谈论他在空中的可怕经历。一年后，阿克伦号遇上新泽西州海岸的暴风雨，被粉碎了，从此结束了飞艇的时代。

“如果你要进行气球处理的程序，答案是显而易见的。”怀斯说。但这重要的信息中隐含的意思适用于我们所有人：“当情况开始恶化时，很容易欺骗自己认为事情可能会变得更好——直到突然间我们发现自己是处于如此可怕的困境中，而唯一的希望只是为了延续宝贵的生命。”无论你是投资股票还是一段关系，“单脚站立”的原则都适用于你。即使是我们之中最坚定的人，也不要相信人类那容易受到侵蚀的意志和体力，应提前决定你是否会为利益或依情况而放弃绳索。如果一本书前 70 页的内容不够有趣，则放弃阅读其余部分。如果银行错误地将我的支票弄错了两次以上，我便会离开。如果我所投资的企业家向我进行了两个以上的错误陈述，我就不会继续向他投资。

选择你的战斗

人的意志力就像肌肉一样，用久了会感到疲累

让我们把它留到真正需要的时候吧

如果说永恒的生命是人类自古以来所向往的圣杯，那么就像20世纪一样，它已经被“成功”取代 这是许多人的虔诚愿望，他们甚至准备为了实现它而缩短自己的生命。有些人甚至认为，通过阅读37部莎士比亚戏剧，而不是通过阅读整个行为科学的研究图书馆，他们能了解更多关于人性的知识。这是一项不能再忽视的广泛的研究，这项研究表明天赋对成功的贡献是有限的。当你的成功只有不超过25%的部分是由天赋决定时，自律、决心和毅力在获得长期的经济和社会奖励方面起着重要作用，这主要是因为这些特质能很好地帮助你在通往成功的漫长道路上处理障碍和不可避免的不幸。

斯坦福大学教授、心理学家沃尔特·米歇尔与他的同事们在1972年的一项开创性实验中发现，4岁至6岁的儿童有足够心智能延迟满足而选择多等待几分钟，他们推迟了吃掉放在眼前的一个棉花糖的时间，以换取两个棉花糖。多年后的学术研究也证明了该实验的成功。同样，如果你要分析那些喜欢与读者分享成功人生经验的人士的自传，那么你很难忽视它们一个显而易见的共同点：作者在书中描述自己具有决断力和意志力（由于某种原因，这些自传中作者都较少描述的另一成功共同点是运气）。

凯斯西储大学的罗伊·鲍迈斯特被认为是意志力领域的领先研究员。在2011年一个名为苏黎世思想的知识分子的讲座中，他调查了其他领域，其中自我约束被认为对以下因变量具有积极作用：长期关系的成功维系，心理和身体健康，甚至预期寿命。在他2011年和约翰·提尔内合著的《意志力：重新发现的人类最伟大的力量》的引言中，鲍迈斯特处理了人们对待这项重要议题的奇怪和错误的观点。人们说出自己最大的优点时，他们往往会说自己诚信、勇敢、富于创造力、幽默，甚至谦虚等，但是很少有人说自己的优点是自制力强。即使有，选择自制力强作为自身优点的人也最少。不过，当研究者问到失败原因时，回答缺乏自制力的人最多。

每个人的生活都是基于满足自己的欲望，其中大多数是自然和进化的指令；一些是升华人类基本冲动的产物，这些冲动是由20世纪重要科学发展所提供的工具所满足的。例如，丰富的信息意味着社交网络和其他在线内容可以满足我们的好奇心，让我们感觉到自己被需要或是属于自己。但是，对我们欲望的不受约束的反应使我们无法实现我们为自己设定的重要目标，甚至可能危及我们的健康。根据一项研究，在西方社会，超过1/3的死亡可以归因于长期屈服于这种欲望（性、毒品、不健康的食物和工作）。在一个充满消遣的享乐主义的世界里，成功更多地源于抵抗诱惑的能力，而不是金钱、外表或智力。这到底是怎么回事？

研究人员威廉·霍夫曼、凯瑟琳·福斯和罗伊·鲍迈斯特进行长期研究，试图追踪我们受欲望影响的频率和强度——我们隐藏的冲动的行为和个人反应。他们提出，这些欲望在多大程度上才会与我们为自己定义的重要个人目标相冲突？在什么情况下，我们会为达成这些目标而抵制欲望？更重要的是，我们在努力用意志力抵制欲望的过程中所取得的成功或失败有何区别？

研究人员招募了德国维尔茨堡市中205名参与者参与这项研究，让他们报告自己在一周中所体验的欲望。

研究人员每天 7 次为研究目的而发手机短信给他们，让他们报告自己是否在过去 30 分钟内体验过诱惑，如果是，再将其分配到 14 个预定类别之一。然后要求参与者留意自己冲动的强度以及其实现与个人目标所发生冲突的程度，并报告他们的意志力是否能让这种冲突成功抵制欲望。所有报告均使用了为此目的而准备的移动电话应用程序来进行记录。该研究得益于非常高的遵守率（占所有参与者的 92.2%），并且取得 7827 份关于参与者所争辩的欲望和渴求的报告——研究人员认为，这忠实地反映了我们惯常经历的一系列诱惑。

事实证明，一半的欲望在某种程度上与我们的目标、价值观或其他冲动相冲突。令人惊讶的是，在强度和相对流行率方面名列榜首的欲望是睡眠的欲望，以及对饮食、性、社会交往、休闲和满足卫生需求的渴望。研究人员还为与屈服于诱惑相冲突的个人目标指定了类别。

睡欲、性欲、休闲欲、食欲和购物欲与参与者的其他目标有最为明显的冲突，因此在自我控制中的评分最高，且大多数是成功的。再往后是其他各种交往欲——查看电子邮件、浏览社交网站或观看电视——在锻炼意志力的时候，这在欲望量表中经常达到最高的失败率（42%

的人表示无法用意志力来克服这种欲望）。这也是抵制工作的可悲命运，研究人员将其定义为诱惑之一。

此外，研究人员还注意到，意志力在运动时会耗尽，就像肌肉在过长时间的耐力运动时会被消耗一样，无论是谁在面对他所报告的诱惑时都经常进行内心的抵抗，他发现自己在当天晚些时候抵抗进一步诱惑的能力已经减弱，特别是在一天结束的时候。这一发现在实验室实验中已经被证明，其重要性很难被夸大。多年来，人们一直相信无意识的力量可以指导我们的行动，这使得意志力在影响我们命运方面的地位降到了最低。意志力像肌肉一样运作的认识是基于这样的评估：人类控制冲动的能力是相对晚期的进化发展的产物，因此在较长的时间内不稳定且难以使用。

意志力的物理属性也受到营养（血液中的葡萄糖对意志力有积极影响）和睡眠等因素的影响。我们在空腹或疲劳状态下所做的决定在本质上与在相反情况下做出的决定截然不同。在使用意志力方面，我们讨论的是一种消耗类的游戏——如果你在工作中过度使用它，当你回家时，你可能会对你的伴侣失去耐心，或陷入一场无节制的暴食。

这一重要发现的实际意义在于，如果意志力确实起到了类似肌肉的作用，那么保持每天的日程安排以避免诱惑的策略可能比以锻炼来增强意志力更有效。这样的时间表将基于限制诱惑的习惯和惯例：正常的用餐时间、每天两三杯咖啡、电视观看的时间限制等等。

我遇到过一个女人，她采用了“买一件新物，丢一件旧物”法则，以防止衣柜爆棚。

我也认识一个人，他决定在星期天和星期一不喝酒，这样他就可以控制自己的酒精摄入量，而不必每天都面对诱惑。自我控制能力强的人用它来进行每天的日程安排，而不是去抵制偶然的诱惑。当他们遇到这些时，他们的意志力肌肉是新鲜的，准备应对新情况。有意志力的人试图把生活计划得像后天养成的习惯一样。如果你决定每个星期天早上都要整理好你的书房，那么你完成这项任务需要的意志力就会减少，因为这项任务已经成为一种习惯，而习惯不会耗尽你的意志力。相反，那些没有发达意志力的人必须小心选择那些真正重要的事情，而这些事情正是他们准备去厌倦的。与其总是努力去超越，不如专注于真正重要的事情。

霍夫曼等研究人员的研究表明，现代生活中阶段性的欲望和冲动频繁出现，通常与我们所珍视的个人目标或价值观相冲突，因此会遇到阻力。虽然我们大多数抵御诱惑的努力是成功的，但由于某些诱惑的性质，我们可能在某一特定的日子里被它们打败。如果我们总结一下研究人员的工作，我们会发现，一个普通公民每天要花 8 个小时来应对各种诱惑，花 3 个小时去抵制它们，还有半个小时来乐于接受诱惑，其中一些是他早些时候设法抵制的。女演员梅·韦斯特说：“我一般会避免诱惑，除非我无法抗拒。”

有一天，我变年轻了

希望是影响我们生活的最强烈的情感

“希望是顿美好的早餐，但是顿糟糕的晚餐。”

——弗朗西斯·培根

不久前，我拜访了一些朋友，他们住在我30年前住过的街区附近。当我开车回家的时候，经过了离这里很远的一个城市，我在那里度过了很多年。当我路过我曾经赢过和输过很多网球比赛的体育俱乐部，在经过彻底改造的商业中心附近，在仍然像以前一样迷人的宽阔人行道旁时，一股怀旧之情涌上心头。我试着去揭示为什么当我们年老时，早年的记忆对我们如此有吸引力的秘密。在拒绝了所有其他答案之后，我得到了这样的解释：我们强烈渴望“一切都可能发生”的时代。

但是等一下——对我来说，几乎所有我渴望的事情都发生了。那时我所能梦想的一切，甚至更多，实际上都是在丰富的行动和休闲生活中实现的。所以，对我来说，为什么过去的回忆如此迷人？我仔细想了一系列可能的答案，突然想到：我想念拥有希望的感觉。我梦想有一天，美好的事情会发生。一些能让我从现在的烦恼中解脱出来的东西使我充满满足感，使我能在安全的距离内毫无痛苦地观察这个世界。对希望的渴望与这样一个事实完全脱节——至少对我来说——我的梦想实现了。对希望的渴望是独立的，与实际的事件无关。

从表面上看，一个不否认现实的成年人已经知道什么值得期待，什么事情不会发生。而希望本应留给年轻人，因为对他们来说，“一切都还有可能”，而我们站在这些年长者的角度来看，都希望如此。居斯塔夫·福楼拜认为，希望是对神圣普罗维登斯的攻击。但这也是对生命体验的攻击，它限制了仍然可能发生的事情，而我们往往会忽视这些没能发生的事情的早期迹象。正如福楼拜所暗示的，这也是对一个正在别处忙碌的最高权力意志信念的攻击。但希望比这一切更强大，无论是年轻人还是老年人，我们都需要它来平衡我们的生活。

西方的观点中，希望生于罪恶。古希腊神话讲述了天神普罗米修斯，他从奥林匹斯山偷取天火并把它给了人类。宙斯是众神之父，通过建造魔盒（原始版本中是壶）

来激怒和惩罚人类，盒里装着所有可能的邪恶。潘多拉是众神创造的第一个女人，宙斯给了她一个漂亮的魔盒，且反复叮嘱她一定不能打开。但她像大多数神话中的英雄一样，无法抵抗打开盒子的欲望（否则，神话将被简化为几页），因而所有疾病、困苦和折磨都被释放到人间。虽然盒子里只剩下了“希望”，但能保存在人类的心中。

从那时起，希望走了很长的路，直到在 19 世纪的一件著名艺术作品中找回自己。《希望》画于 1886 年，是英国画家乔治·弗雷德里克·瓦特最著名的作品，是有关人类存在状况的寓言。《希望》展示了一名蒙着眼睛的孤独女性坐在球状物上，手里弹拨着仅剩下一根弦的古希腊七弦琴，并俯身倾听这根弦发出的微弱乐音。在 1889 年巴黎展览中，评论家们把这幅画评为无畏的希望。时至今日，它仍是英格兰泰特系列的一部分，展示在过去 500 年英国艺术综合永久的展览中。

瓦特的绘画有着鼓励处于困境中的人们的悠久传统：纳尔逊·曼德拉在他的牢房的墙上悬挂了这幅作品的复制品，埃及在六日战争后向战败的士兵分发了这幅画的小副本。在 1990 年的一次关于希望的布道中，牧师杰里米亚·莱特描述了瓦特对希望的描绘：“……她穿着破布衣服，身上伤痕累累，流血不止，她的竖琴几乎被毁，只剩下一根琴弦，她大胆地创造音乐和赞美上帝……拿走你剩下的一根琴弦……并大胆地希望……这才是真正的上帝会让我们听到的……”当莱特正在布道时，当时29岁的贝拉克·奥巴马也在教堂里，后来他在2004年民主党全国代表大会上发表了激动人心的政策演讲，并将“大胆的希望”一词作为第二本书的名字。

事实上，每个初出茅庐的作者都知道，如果不给主人公——或者更重要的是，给读者——至少一点希望，那么很多书就永远不会被翻到第二章。从富有诗意的引用到希望，我选择了两个鼓舞人心的引语来说明这个主题：“‘希望’是拥有羽毛/栖息在灵魂中的东西”（艾米莉·狄金森）和“希望在人的胸中永恒地奔涌”（亚历山大·蒲柏）。

名为“希望”的引擎

以色列的国歌提到了对2000年的希望，但大约20年前心理学才开始认真地研究希望，因为心理学家开始慢慢对新的研究领域产生兴趣。

在此之前，心理学主要聚集于我们情感的消极方面。

心理学家查尔斯·斯奈德是积极心理学的先驱者之一，他在很大程度上恢复了关于希望感的研究。斯奈德在 1994 年出版的《希望心理学：从希望着手》一书中提出了“希望感理论”，将希望感总括为三要素：设定明确的目标，拥有实现目标的意志力（“我能做到”），以及拥有实现目标的心理路线图（“我能找到完成的方法”）。

斯奈德还提出了一个基于受访者协议的“希望量表”，共有 6 道题。3 道题试图评估受访者实现生存目标的决心（“在目前情况下，我将积极追求我的目标”），其他 3 道题则试图检验受访者是否有信心找到实现这些目标的方法（“我可以想到许多实现目标的方法”）。实现目标的决心代表着（精神）力量，而寻找方法的能力则代表着方向。我们不应该把乐观和希望混为一谈。乐观主义是希望的近亲，它只符合斯奈德科学定义的一部分，因为它使我们对最好的东西抱有希望，却没有明确地告诉我们如何实现目标。事实上，尽管乐观主义扎根于当下，但希望却将目光投向了未来。

在定义了测量希望感的方法之后，斯奈德继续进行了一系列的实验，研究一个人的希望感和学术成就之间的联系。在一个实验中，他问学生：“当你期望在占期末成绩 30% 的考试中获得‘B 级’，但一周后得知只得‘C 级’时，你打算怎么办？”希望感等级高的学生决心设法提高自己的分数，而希望感等级低的学生则完全放弃了。这再次证明，那些满怀希望的人确信，一切最终都会成功——如果没有成功，那意味着最终的结局还没有到来。

在另一个实验中，斯奈德和他的同事们测试了学生的成绩和希望感水平之间是否存在相关性。他们发现希望感水平比学生的入学成绩（SAT）（与智商高度相关）更能预测平均成绩。在希望感量表中排名前列的学生大多能完成学业。同样，研究人员发现，希望感量表上法律专业学生的排名比任何其他因素（包括 LSAT 分数）都能更好地预测其在法学院的学习成果。

其他的研究已经证明，希望感与成功在很多领域都有关联，不仅仅是在学术界（在学术界希望感比智力更重要）。例如，在职业运动员中，希望感比自尊和情绪更为重要，有时甚至比天生的运动能力更重要。顺便说一句，他们的希望感水平要比非运动员高很多。

认知心理学家史考特·考夫曼在 2012 年 1 月的博客中指出，无论你如何定义天赋、能力或技能，它都无法让你“成功”。他写道：“过去几十年的大量心理学研究表明，真正让你达到目的的是心理工具。”“你可以拥有世界上最好的发动机，但如果你懒得去驾驶它，你就不会有任何进展。”

多年来，心理学家们提出了许多不同的工具，包括勇气、自我意识、乐观、激情和灵感。尽管这些都很重要，考夫曼却认为，“在心理学和社会中，有一种工具是被特别低估的，这就是希望”。

他接着解释道：“希望不只是一种感觉良好的情感，还是一种动态的认知激励系统。”根据这种希望的观点，情绪在认知之后出现，而不是相反。也就是说，希望先于积极的感觉。行为另类的考夫曼认为，那些缺乏希望感的人会选择“可掌握”的目标，这些目标提供的发展机会有限，也不会促进控制自己命运的重要信念产生。

比较不同性格对成功的贡献的研究发现，希望比自我效能（相信自己能掌握一个领域的信念）和乐观更能带来差距。那些被评为充满希望的人也报告了更高水平的个人幸福感（或用纯科学的语言来说，叫幸福）。肖恩·洛佩兹是该领域领先的研究者之一，也是斯奈德的学生，他在 2013 年出版的《让希望成真》一书中分析了关于希望的心理学研究。洛佩兹认为，希望是健康和幸福生活的最重要的指标，也是在人际关系、事业或商业上取得成功的最重要的指标。从洛佩兹的书中可以清楚地看出，他把希望看作一种策略，而不是一种感觉。洛佩兹与盖洛普民调公司合作开发了一份问卷，以评估美国 5 岁至 12 岁学生的希望感、参与度和情绪状况。有一种理解是，这些数据最终决定了教育系统实现其目标的能力。超过 100 万名学生填写了这份问卷。

考夫曼指出："我们习惯于认为现有的能力是预测未来成功水平的最佳因素。"然而，他认为，大量的研究已经证明，心理素质更为重要，好的心理素质带领着我们实现最终目标。希望是一种特别重要的心理驱动力，也许是所有因素中最重要的。

不管成败如何，沉浮全看自己

欢迎有胆量的读者阅读接下来的两段，因为它描述了心理学史上极为残酷的实验之一。

心理生物学家柯特·里希特试图研究实验室小鼠对水温的忍耐力，他把几只无助的小鼠分别装进独立的容器中，然后把水倒入瓶子里。里希特所选择的容器，其瓶身让那些可怜的小鼠难以攀爬，它们只能在瓶里沉浮。里希特和他的同事发现，即使水温相同，健康状况一样，老鼠挣扎的时间还是有显著的差异，从挣扎到溺毙需几分钟到几小时不等。研究人员试图找出实验中让那些展现较强耐力的老鼠超越它们同胞的原因。

第二次实验时，研究人员不是直接把老鼠丢入水中，而是先抓起它们好几次，然后每次都让它们挣脱，让它们暂时逃脱被水淹没的命运。重复几次这种方式后，把它们放进瓶里灌水几分钟，再把它们拉出来，放回笼里，如此重复几次。研究人员认为，在这个阶段，小鼠已准备好进行“淹没”测试。经过此种过程的小鼠平均游泳时间超过 60 小时，然后屈服于疲惫。这一次，没有一只老鼠马上放弃求生，平均挣扎了六十几个小时才因精疲力竭而溺毙。研究人员认为，一旦小鼠尝到了一点自由的滋味，它们就会把自由与努力逃跑联系在一起，这让它们深信对自己的命运还可以“掌控”。它们所获得的控制感（并非实际控制）足以让它们存有希望，认为如果自己用小腿持续挣扎，终究可以幸存下来。

古柏曼医师描述的两项研究特别说明了希望在缓解痛苦方面的力量。其中一项研究是在意大利都灵大学进行的，测试了自愿被试的疼痛反应。在他们的手臂上附着一种袖口，可以收紧到一定程度，引起真正的呻吟声，因为它会迅速阻断血液流动。在每次会引起痛苦的科学装置（测量脉搏，血压，汗液和肌肉收缩）启动之前，被试接受一次吗啡注射，并且如预期的那样，没有表现出任何疼痛。

在研究人员多次重复这一过程之后，他们停止了注射吗啡，改用一种无害的生理盐水，而没有通知被试。被试认为自己吃了止痛药，因而没有表示疼痛。神经科学家法布里齐奥·贝内代蒂进行了这项研究，他得出结论，被试认为他们已经被注射了一定剂量的吗啡，并期望它能消减他们的疼痛，于是激活了大脑产生的内啡肽和其他止痛药的释放机制。贝内代蒂认为，期望和信念也能阻止大脑中其他物质的活动，而这些物质是强化疼痛感的主要因素。

在古柏曼描述的第二个实验中，对 180 名有膝关节炎症状的患者以两种方法进行治疗。其中一半的人接受了关节镜手术来解决问题，而另一半则接受了“假安慰剂手术”——其中包括轻微切口和盐水溅射。两组患者都接受了同样的手术准备，在手术室里停留同样的时间。护士也给予患者同样的照顾，且他们是不知道自己属于哪一组的。最重要的是，两组患者在接受了（不同的）手术后，显示出相似的康复结果。

一些希望的新研究者试图将这一研究领域稍微扩大到包括宗教祈祷。在一项研究中，研究人员试图确定某人为患者祈祷的内容，而不是祈祷本身，是否会影响患者的健康状况。这项研究是以极高的统计精确度进行的，结果使研究人员感到困惑：要做胃旁路手术的患者被告知有人在为他们祈祷（这是事实），其并发症的发生率明显高于另一组患者。另一组患者被告知有人可能为他们祈祷，也可能不为他们祈祷（不管是否真的有人为他们祈祷）。

本杰明·摩西在他的优秀著作《医学的真相》中描述了这个实验，对这一现象提供了一种可能的解释：患有重病或需要接受复杂手术的人可能将要求某人为自己祈祷的事实视为病情严重的证据。认为自己的情况严重而增加焦虑，并可能对康复产生不利影响。也就是说，当希望自动出现时，它会产生积极的影响。那些给予我们希望并告诉我们这一点的人，实际上可能打破微妙的原理，无法使希望作为最有影响力的积极情绪之一。

哲学家理查德·罗蒂认为，希望是一个“超级故事”，对我们来说，它象征着对更美好未来的承诺和机遇。

挑战底线的方法

重视过程多于结果

1999年9月23日，一艘美国宇航局的航天器——火星气候轨道飞行器，在靠近火星时被烧毁。事后调查显示是软件出错，该软件错误地将其计算单位设定为米制单位而非英制单位。由于这一错误，航天器被指示在距离火星60公里的轨道上运行，而不是已计划好的安全的140公里的距离。考虑到航天器要飞行5000万公里才能到达火星，这种计算上的误差似乎可以忽略不计。尽管如此，还是出现了理论上的成功和现实中的失败。此次由于程序上的出错而导致航天器无法到达目的地就是一个例子。

但并非所有事件的结果都如此明确。意图和结果同时出现，有时甚至需要诉诸法庭将它们分开。当一个善意的举动（想要赶走主人脸上的苍蝇）导致了意想不到的结果（主人的鼻子被打断），或是旨在解救人质却导致了严重的生命损失，我们如何评估这一行为？

这样令人费解的问题也出现在文学界。我在刘易斯·卡罗尔所写的《爱丽丝镜中奇遇记》中找到了一个简单的例子。爱丽丝试图形成她对一首诗中的两位英雄的看法，这首诗是由特威德勒迪向她朗诵的，他是特威德勒东的双胞胎兄弟。这首诗讲述了一只海象和一个木匠晚上在海滩上散步时，吃着活的无助的牡蛎。起初，爱丽丝倾向于从道德的角度来偏爱海象，因为它对自己所吃的牡蛎感到有点遗憾，甚至为它们流下了眼泪，正如诗中所叙述的那样。但是，特威德勒迪告诉她，海象吃得比木匠还多，它把脸藏在手帕后面，以免木匠看见它吃了多少。当爱丽丝把她的道德偏好转移到木匠身上时，特威德勒东迅速解释说，木匠尽可能多地吃了他能抓住的东西。爱丽丝感到困惑，突然面临着以结果判断还是以意图判断的道德困境。

爱丽丝并不孤单。其他世纪的重要思想家也在努力解决什么更为重要的问题——结果还是意图？伊曼努尔·康德认为，在两者中意图是更为重要的。

他的《道德形而上学基础》一书的第一章就指出："世界上没有纯粹的善，除了'善的意愿'。"判断一个人道德价值的决定因素在于意愿本身是否以善为行为动机。即使某事产生了好的结果但不是出于善的行为动机，仍没有道德价值。相反，约翰·斯图亚特·密尔提出了一种完全专注于结果却忽略意图的方法。在他看来，“快乐及免于痛苦是唯一的目的”，每个行动都是以其功利主义的结果来判断的——增加快乐或减轻痛苦。

正如各种宗教所暗示的，意图和结果之间的关系也是检验精神世界的可能标准。例如，天主教徒喜爱对行为做意图测试，正如保罗给加拉太人的书（以及先知哈巴谷书）中所记：“义人必因信得生。”观察诫命是作为一个犹太信徒的主要考验，拉比传统强调上帝对心灵和心灵的意图更感兴趣。这也解释了对犹太教悔改观念的重视。

如果我们在最终结果中确实认识到评估行为道德的局限性，我们可以从最终结果测试失败的情况中自由发展。如果我们从东方宗教信仰来看，即使在佛教的“因果法则”思想中，其意图也很重要。业，描述人一生中因果关系的完整循环，是基于行动背后的意图而不是其行动上的表达。

社会以法律为工具，以确保社会秩序。根据世界上大多数法律制度，如果不同时处理情感和事实基础，就不能界定犯罪；如果两者中缺少任何一样，就没有犯罪。有人从物主那里拿走物品，并打算稍后归还，那么他不是小偷；有人无意地杀死一个人，则被控过失杀人，而不是谋杀。情感基础——一个人在行动期间的意图——是司法程序的核心。

然而，当哲学家们一直在争论这两个问题中的哪一个——意图或结果——更为重要时，随着信奉行动的人和信奉意图的人之间爆发宗教战争，以及大量的法律争论的进行，商界的讨论结果似乎已经确定了：工资水平、增长率、投资回报率和股价早已成为最重要的最终结果。环境、起点、你得到的支持或你选择的道德道路——所有都是不重要的。你的经济成就和你在争取社会知名度的竞争中取得了多大的进步是底线。但是，那些自称对结果负有全部责任的人实际上也在用同样傲慢的口气说，他们也对影响结果的所有因素负有全部责任。

为什么人都把成功归为自己的能力，却把失败归咎于运气不好？我们不是因低估了机会的力量而失败了，这可能是成功等式中最重要的因素吗（无论我们是按经济利润、社会知名度还是其他标准衡量成功，都是如此）？

纳西姆·塔勒布（《随机致富的傻瓜》和《黑天鹅》的作者）确信，经济上的成功在很大程度上是运气的问题，而巨大的成功是运气的结果。事实上，资本市场——塔勒布的主要参照基准——是随机性的首选竞争环境，是以巧合和运气而不是专业能力为决定因素的地方。我们为商业英雄加冕，主要是因为我们对统计规律的理解不完善，以及人类将意义归因于随机事件的需求，而不是他们的商业头脑。就像100万只猴子中的一只拥有无限的时间和打字机一样，作为众多猴子中的一员，一位投资经理可能连续30年击败市场——但两者都是通过纯粹的机会。

经济学家约翰·凯并不赞同专注最终结果的方法。在他2010年出版的《迂回才是王道》一书中，他认为获利最佳的企业往往不是最唯利是图的企业，最富有的人不是讲究物欲的人，而且最快乐的人并没有拼命追求快乐。这是一种间接以结果为导向而不只是针对性的方法。例如，制药和医疗设备公司强生公司的信条，描述了指导其决策的价值观，即将对消费者和医疗人员的责任置于对股东的承诺之上。

尽管如此，强生公司仍在医疗领域取得了比其他公司更好的长期业绩，为其股东创造了最高价值。我们不要忘记——医学史上的大多数重要发现都是偶然的：X射线、青霉素、结核菌、胰岛素、安定和伟哥。[尽管路易斯·巴斯德指出：“机会有利于准备好的头脑。”]对这些发现的结果测试将主要检查它们的有效性（以及心灵上的准备）。

长期以来，体育界一直被用来比喻我们生活中更具竞争力的方面，这些方面往往是由最终结果来判断的（“胜利不是一切，但它是唯一的”）。因此，商业世界从竞技体育的经验中汲取了很多语言，而没有注意到许多职业运动员是由过程而不是结果驱动的。

斯科特·莫利纳是国际铁人三项赛的冠军和教练，他说他试图教他的学生们，如果他们学会热爱日常训练中的挑战，他们所期望的结果就会随之而来。传奇排球教练特里·佩蒂特认为，一个好的教练只注重训练过程，而不是最终的结果。如果一个篮球运动员认为他的最后一球决定了比赛的命运，他可能会变得紧张而错过机会。而另一方面，如果他考虑对球的熟悉度、投篮前的深呼吸和队友的支持，而不是投篮的结果，他将有更高的概率得分。网球运动员知道，他们应该专注于赢得他们目前正在打的那一球，或者提高发球的成功率，而不是专注于赢得整个比赛。一个棒球运动员完美地将以每小时100英里的速度向他冲去的快球打到外场的最深处，但是被一个壮观的捕获动作抢走本垒打，这几乎不能被视为失败，尽管结果是他出局了。

在我实践多年的亚历山大技术中，有一个叫作“最终收获”的概念——在专注于最终结果的同时，却根本不享受这个过程。专业运动员知道：产生结果的方法实际上是专注于过程。所有领域的创建者一致认为，过程和最终产品同样重要。这个过程是他们花费大部分时间和投入大部分情感资源的地方。因此，他们期望它是愉快的、令人满足和鼓舞人心的。正确的情感管理是提高他们未来工作水平的真正关键。而那些达到与计划不同的结果的人往往会发现，这为他们丰富内心世界提供了重要的可能性。

在儿童的教育问题上，对这一进程采取底线做法的最大危害是，它强化了对世界本质上是一个竞争场所的简单化看法。研究表明，赞扬孩子的努力（过程）比赞扬他们父母的成就更有助于他们成年后的成功。成功的能力在很大程度上是应对失败的能力，那些在童年的努力中赢得赞扬的人能够在第一次尝试失败后再次调动资源来应对挑战。那些因成就而获得赞扬的人，在遇到意想不到的困难时就很容易放弃。父母对孩子的要求过高，当孩子没有达到这些期望时，他们会对孩子进行不适当的批评，这就会培养未来的完美主义者——那些不能区分错误和失败的人。

毕竟，对犯错误的恐惧是在孩子身上徘徊的最大威胁，孩子被教导是否得到父母的接受和认可取决于他们的表现（而不是他们的努力）。

我们很难在舒适的环境中成长。如果没有犯错甚至失败的空间，走出这个舒适区是不可能的。在一个结果观点盛行的文化中，当前的结果成了未来结果的唯一预测因素，没有改进的余地。此外，即使某些手段是可疑的，我们也会对它变得宽容。

幸福：切除和保存

受我们控制的 10 条幸福法则

“佛教僧侣在 2014 年达沃斯举行的世界经济论坛上做了什么？”威廉·戴维斯在 2015 年出版的《幸福产业》一书中提出这一问题。作者认为，僧侣，就像商业公司中的“幸福官”一样，反映了在过去 10 年中出现的趋势：各种经济实体越来越关注衡量人们的感受，仅仅是为了满足自己的政治或商业需求而利用这些数据。消费行业的脑科学家希望最终能够发现我们大脑中的“采购按钮”，制药公司的广告商寻求研究来证实其产品昂贵的正确性。

近年来，大量的文献和幸福感研究毫无疑问地说明：一半的人努力追求幸福，另一半人则忙于研究之前幸福感的获得是否成功。在我们大脑中寻找幸福中心的精密扫描仪突然取代了我们简单的主观感觉：“是的，我现在很快乐。”当英国国家统计局在 2012 年发布了第一份关于幸福感的报告时，它还能够举出英国公民最幸福的地区和工作。绿色似乎对我们的幸福感有着有益的影响——

我们不是在谈论颜色。苏格兰的“绿色地区”有着令人叹为观止的景色，是最快乐的人的家园，森林护林员则是满足感最强的工作者。

直观地说，我们都明白研究表明的：超过一定的水平后，尽管金钱能使人生活得更舒适，但不能带来快乐。我们也从经验得知，为我们带来喜悦的大多时刻只需要适度的方法或根本不需要使用金钱。奇怪的是，即使我们都认为金钱不能保证快乐，但我们都必须，绝对必须，亲自测试这个前提。

如果你愿意诚实地回答下面这个简单的问题，那么你也许可以省去积累和维持财富这一令人沮丧的任务：你可以选择生活在两个世界中的一个。在第一个世界，你每月挣 5000 美元，而大多数人只挣 2500 美元。在第二个世界，你一个月挣 1 万美元，而其他大多数人每月挣 2 万美元。假设货币的购买力在两个世界是相同的，你会选择哪一个？在各种研究中，数以万计的受访者立即选择了收入高于他人的世界，而拒绝了以绝对价值计算赚取更多收入的选择。自从智人迈出了他们的第一步，这种将自己与他人相比较的残酷冲动就一直困扰着人类。

无论在那时还是现在，我们都不把自己与比尔·盖茨和沃伦·巴菲特相提并论。我们拿来与自己比较的只有大约 150 人：熟人、家庭成员、小学或大学的同学、同事、体育活动的伙伴等。为什么是 150 人？这是“邓巴数字”，以英国人类学家罗宾·邓巴的名字命名。他断言，由于认知和情感上的限制，150 人是我们能够维持的社会关系的最大数量。他复杂的计算是基于非人类灵长类的大脑大小和 15 万年前在非洲草原上漫游的群体的大脑平均大小之间的相关性。

Facebook 内部社会学家卡梅伦·马龙在接受《经济学人》采访时对这一理论提供了新的实证。根据马龙的说法，Facebook 社区的用户平均每人有 120 个“朋友”。哲学家拉塞尔·伯纳德表达了对人性的敏锐理解，他说：“乞丐并不羡慕百万富翁，尽管他们一定会羡慕比他们乞讨所得更多的乞丐。”正如尖刻的散文家戈尔·维达尔所说的：“每当有朋友获得成功时，我身上的某种东西就会消失一些。”

经济资产对我们的快乐造成的是有限的影响的第二个原因是它们的暂时性。这种现象创造了“享乐适应”或称“享乐跑步机”，反映了我们对总体变化的快速调整，包括对新资产的收购。最近的加薪很快就成了下次加薪的基础，一个月后，我们购买的豪华轿车上皮革内饰的气味就消散了。这种基于进化的现象缓和了我们在情感事件中经历的极端的高低，使我们回到了预设的个人幸福水平。享乐适应的机制类似于恒温器，在外界冷热变化的情况下，仍在设定的温度下加热或冷却房间。

根据这一观点，我们每个人都有自己的“幸福恒温器”，它定义了我们一生中所享受的幸福水平。中奖会在一段时间内改善我们的情绪，但在一年之内，或多或少，我们就会回到我们已校准的基本幸福水平。在一次交通事故中的创伤性损伤之后，我们也将在类似的时间段后回到这个水平（只有失去工作或配偶死亡才需要较长的调整期）。因此，在许多情况下，这种现象被描述为跑步机，我们需要在上面跑步以保持一定的幸福水平，这是不足为奇的。

最重要的是，遗传决定了我们个人幸福恒温器的设置。习惯的做法是，将一个人 50% 的幸福水平归因于遗传因素，另外 10% 的幸福能力归因于一系列间接因素（如年龄、家庭状况、社会人口概况、职业、智力、外表与信仰）。因此，我们今天聚集在这里讨论剩下的 40% 影响我们幸福的因素。

2004年夏天，备受尊敬的分析师詹姆斯·蒙蒂尔在他的第二季度报告中让他的投资银行的雇主感到惊讶：他没有像预期的那样提供经济见解，而是向客户提供了一些如何提高他们幸福感的建议。蒙蒂尔在他的颠覆性文件中声明，从他的经济建议中获得的资本收益并不一定能使人更快乐，他对此也毫不含糊。当你得知这位有个性的分析师不再在银行工作时，你不会感到惊讶，他的一些建议今天仍然值得采用。2007年，我在我的第一本书《黑猩猩想过退休吗？》中发表了他的结论摘要，并继续关注着书中提到的各种研究来源（特别是心理学家戴维·迈尔斯的作品）以及在该领域发表的一些重要的更新，我很高兴在此向大家介绍幸福的10条法则，了解了这10条法则，一切都将在你的控制之下。

1. 记住经济成功不会带来幸福

事实上，财富不会带来幸福，这是正确的。物质上的成功会带来幸福的信念，实际上会产生不快乐。在某种程度上，这是由于我们固有的破坏性比较机制——也就是说，我们总能找到比我们更富有的人。这也归功于享乐适应，它调节了经济成功带来的任何情绪高涨。

美国心理学家蒂姆·卡瑟尔是物质主义破坏幸福观念的最突出的支持者。在他的一项关于物质主义的研究中，他考查了专业商务人士的幸福与他们的物质主义之间的关系。他发现，一方面，那些倾向于用金钱和宣传来衡量自我价值的人，即使他们达到了为自己设定的目标，他们的自我实现水平也较低。另一方面，当具有喜欢自我发展和社区参与等内在价值观的学生实现了他们的目标时，他们会报告更高层次的自我实现。

此外，事实证明，物质主义和社会隔离是相辅相成的：孤独的人被迫追求物质财富，而物质主义者更容易受到孤独的威胁。看起来，物质主义者也更有可能出现偏执、自恋、焦虑等人格障碍。你可以从卡瑟尔教授心理学的诺克斯学院制作的插图视频剪辑中学到很多东西。卡瑟尔实践他所宣扬的——他与他的妻子、他的两个孩子和几只宠物一起在伊利诺伊州的乡村地区过着朴素的生活。卡瑟尔在 2014 年 12 月接受美国心理协会（APA）的采访时指出，物质主义者付出了额外的社会代价：他们被认为更有竞争力，更有操纵性，更自私，更缺乏同情心。他断言，人们之所以成为物质主义者，是因为他们从父母、朋友或媒体那里得到信息，也是因为缺乏信心、害怕被拒绝和经济上的焦虑。

卡瑟尔和同事们进行了一项综合分析，比较了相当长时间（长达 12 年）的研究结果。那些被定义为“物质主义者”的人报告说，他们的愉快经历较少，对自己的生活也不太满意。

2. 投资于经验而非资产

说到幸福，经验比资产有明显的优势。有经验的人受享乐主义的影响较小。因此，他们去看演出不是为了买新衣，去国外旅行不是为了买珠宝或时尚手表。经验提供了另一个重要的优势：我们可以在事后回忆它们的时候，在脑海中加以修饰。最重要的是，我们的身份是由我们积累的经验（以及我们从中记得的东西）所组成的，而不是从我们的资产列表中获得的。许多广告商提倡的与我们所认为的相反，不是我们买什么，我们就是什么。

如果你已经决定购买物品，那么购买一些与你日常生活中的积极事件相对应的低价的东西，而不是那些在享乐主义影响下只提供短暂快乐的高价物品。我们什么时候才能明白，我们是买不到足够的（不需要先买的）幸福的呢？

3. 为有规律的体育运动腾出时间

研究人员非常认同这一点。适度运动 20 分钟就足以释放内啡肽到血液中；内啡肽是大脑中产生的化学物质，有助于减轻疼痛和压力，克服轻微的抑郁。顾名思义，这一物质在结构上与吗啡相似，但它是源自人体本身的自然物质。定期的体育运动对健康有许多好处，从而增强我们的幸福感。建议的运动量是每周活动 150 分钟，最好是户外活动。

4. 在发展密切的社会关系上投资

马尔科姆·格拉德威尔在他那本鼓舞人心的书《离群人：成功的故事》的序言中，讲述了宾夕法尼亚州一个小镇罗塞托的奥秘，这个小镇是由来自一个风景如画的同名意大利村庄的移民建立的。第一批移民于 1882 年抵达宾夕法尼亚州，并被吸引到宾夕法尼亚州的这一地区从事石板开采的工作——这是几个世纪以来罗塞托人传统的生计来源。

不久，大批来自意大利村庄的移民听说了这一新世界无限的可能性，而加入了宾夕法尼亚州的移民团体。

到 19 世纪末，美国的罗塞托镇已经有几千名移民，他们延续本国的风俗，以意大利方言兴高采烈地交谈。1896 年，一位充满活力的年轻牧师来到这个偏僻的小镇，一股社会和经济的动力席卷了整个小镇。在他的领导下，小镇创建了精神准则，组织了节日活动。这位有远见的牧师鼓励市民在自家后院开辟花园和果园，并分发种子和球茎。其他社区机构也很快跟进，学校、修道院和公园创建了新的社会基础设施。

20 世纪 50 年代末，俄克拉何马大学内科主任斯图尔特·沃尔夫来到罗塞托附近的一个农场度暑假。在一次与当地医生的非正式谈话中，他听说，在 65 岁以下的罗塞托人中，心脏病是非常罕见的（这是在 20 世纪 50 年代，在使用降胆固醇药物和阿司匹林作为血液稀释剂出现之前，心脏病发作率在美国达到了流行病的水平）。沃尔夫预感到这里有一种科学原理，并迅速组织了一个研究小组来调查。他最初认为，这种明显的心脏病免疫力可以归因于罗塞托人的生活方式和饮食习惯，但很快发现，他们 41% 的热量摄入是基于脂肪的，他们更喜欢葡萄酒而不是其他饮料，包括牛奶。许多居民吸烟过量，体重超标。沃尔夫意识到，答案并不在居民的生活方式中。

接下来，沃尔夫排除了罗塞托居民天生健康状况较好的可能性：他追踪了居住在北美其他地方的同一个意大利村庄的移民，发现他们的死亡率与全国平均水平相似。试图在地理区域找到答案也无济于事。两个邻近城镇居民的医疗记录令人沮丧：心脏病人的死亡率是罗塞托镇的3倍。另一个统计奇迹是，与其他地方的情况相反，罗塞插镇的寡妇比鳏夫多。当然，毫无疑问，犯罪率是零。

沃尔夫意识到答案就在镇上。事实上，当他在镇上走来走去时，他注意到街上的居民在聊天，偶尔会邀请彼此到家里吃一顿即席饭，家里三代人通常住在同一屋檐下。家庭主妇受到高度尊重，老年人融入社区。

沃尔夫认为，罗塞托的心脏病发病率较低是由于当地人的生活没有压力。“社区凝聚力很强。邻居之间不会抱着‘人有我有’的心态。他们的房子离得很近，每个人的生活或多或少地相似。”他后来写道。做得好的居民不愿意炫耀自己的成功，而那些失败的人很容易在一个奉行平等主义的社会中掩盖自己的处境。简而言之，20世纪上半叶住在罗塞托的人不会感到孤独（或嫉妒）。

这一现象创造了罗塞托效应，当它第一次被发现时，引发了密集的研究和后续行动。另一项持续了至少50年的研究发现，由于罗塞托人背离了他们的意大利社会传统，并采用了美国社会的生活方式，导致他们的死亡率上升了。1971 年，该镇记录了第一个 45 岁以下的人患心脏病的病例。

对我来说，罗塞托的故事是近年来幸福感研究的最大创新：社区、与人分享生活中好和坏的人，以及亲密关系的发展对个人幸福的贡献比你在资产列表中找到的大多数因素都要多。朋友，在某种意义上说是配偶，不会受到享乐主义的影响。金钱能买到的东西总比金钱不能买到的东西来得快。

5. 让你的身体得到应有的休息

为了促进职业生涯发展和增加经济回报，需要放弃睡眠时间吗？如果你向诺贝尔经济学奖获得者丹尼尔·卡尼曼征求意见，他会果断地回答说，如果选择的标准是你的幸福，那么睡觉比加薪更重要。卡尼曼在 2006 年发表的一篇文章中声称，生活满意度与睡眠质量之间的相关性高于生活满意度与收入（以及许多其他因素）之间的相关性。快乐的人很活跃，但一定要让他们的身体得到适当的休息。睡眠不足会导致疲劳、注意力不集中和情绪低落。适当的睡眠与记忆力和创造力的改善、对咖啡因等兴奋剂的依赖性降低，甚至与更容易减肥之间存在着积极的联系。

6. 控制你的时间，设定可实现的目标

2004年，詹姆斯·史密斯和贝伦·奥尔德里奇在英格兰湖区开办了一个农场，为患有各种精神疾病的患者提供替代治疗。这些患者的医生或福利官员已经决定，由于某种原因，他们不能接受药物治疗。这似乎是一个简单的想法：与自然的邂逅，把挤好的牛奶和种植的蔬菜放在当地市场上出售，对那些被喧闹的城市生活困扰的人们应该有积极的影响。这项计划非常成功，农场"志愿者"（他们被这样称呼）的精神状况显著改善。

原因是什么？贴近大自然？进行户外体育活动？回到树林的怀抱中？奥尔德里奇不这么认为。在他看来，关键因素是给予"志愿者"自由，让他们在一个合作的组织结构中规划自己的日程和生活。园艺、放牧和收割的治疗效果有限，但农场生活中没有核心组成部分：成员参与决定他们日常的生活，以及他们在农场发展等级中的适当位置。我们都倾向于高估自己一天能完成的事情，

而低估自己一年中能完成的事情。快乐的人意识到这一点，并在日常生活中设定可实现的目标。当他们控制自己的命运，实现自己每日所设的目标时，他们会感到高兴。

考虑到对内啡肽应有的尊重，我内心深处明白，当我在一个非常寒冷的日子外出跑步时，我会从这样一个事实中获得深刻的满足感：我对自己的生活保持一定的控制感，即使在天气条件诱使我放弃的时候。

7. 专注于自己所做的事情

“心流”（Flow）是由加利福尼亚州克莱蒙研究大学工商管理教授米哈里・切克森米哈赖创造的一个概念。如果瑞典科学院的成员能读出他的姓，切克森米哈赖早就得到诺贝尔奖了。他把“心流”定义为一种我们完全沉浸在当前活动中的状态，但不是沉溺其中。当我们处于“心流区”时，我们所有的情绪都被调动起来执行手头的任务，因而无法专注于其他任何事情。那些处于心流状态的人（这会让人联想到东方哲学中所描述的相似状态）会产生一种自发性的喜悦和兴奋的感觉。心流被概念化为在一项特定任务所带来的挑战与我们执行任务的技能之间保持微妙的平衡：技能比挑战更强会导致厌倦，而比技能水平更高的挑战会导致焦虑和挫败。

当你在加勒比海的一艘私人游艇上巡游，为今天喝鸡尾酒是否太早或是因想知道你的泳衣是否符合最新的时尚潮流而苦恼时，你是无法实现心流的。在周末做编织活或整理书柜时，心流更容易实现。而那些写书的人都熟悉看向时钟发现已经凌晨2点时的惊讶表情。

8. 关掉电视

电视会使人受到伤害。越来越多的研究表明，看电视和快乐之间有着负面的联系。看电视几乎不符合我们已列出的任何幸福规则。在对比测试中，我们注定要在电视上看到比自己更具吸引力、比自己更聪明、比自己更熟练地操作各种各样的工具的人。如果你声称参加真人秀节目的人只是像你和我一样的人，那么你有时必须承认他们可能更勇敢一点。

可能你已经接受了物质主义对你造成伤害的事实，蒂姆·卡瑟尔也做了关于物质主义的研究。他的研究还表明，看电视越多的人，他们就变得越物质主义。电视网络是由商业动机驱动的，这些动机几乎只能通过广告来实现。广告商在策划时最不考虑的就是我们的幸福。相反，只有当他们让我们感到痛苦，并让我们相信唯一能治愈我们痛苦的方法就是购买他们推销的产品时，他们才会成功地向我们推销他们的产品。

这也是限制社交网络使用的逻辑。社交媒体上的广告把我们的生活和朋友的快乐经历相比较，任何一点还没有被破坏的快乐，如社交媒体上所发布的那样，都会立即被广告侵蚀，这些广告是用一把精确而可怕的统计解剖刀为我们的需要量身打造的。卡瑟尔与圣地亚哥州立大学的心理学教授简·特温格进行了一项令人大开眼界的研究，发现美国青少年的物质主义与经济中广告支出的增长有直接的关系。

我们花在电视屏幕上的时间可能会比在办公室中度过的更多，我们不会把这段时间用于体育活动或发展社会关系。事实上，肥胖和社会孤立与每天看两小时以上的电视和在电视前吃饭有直接的相关性。2008 年发表的一项基于 3 万人样本的特别全面的研究显示，那些生活得不快乐的人比快乐的人在电视屏幕前花费的时间多 30%。

在 2014 年出版的《设计幸福：改变你的行为，而不是你的想法》一书中，保罗·多兰认为，快乐和意义之间的微妙平衡是幸福的关键。据为英国政府提供“个人福利”咨询的经济学教授杜兰说，看电视是一个令人愉快但毫无意义的活动的极好例子。抚养孩子是相反的例子：不总是令人快乐，但很有意义。

此外，在很多情况下，我们自己看电视。我们已经知道那些远离朋友和家人的人也会远离幸福。托·斯·艾略特很好地定义了这一点：“电视是一种娱乐媒介，它允许数百万人同时听同一个笑话，但仍然保持寂寞。”

9. 从自我中走出来，与更大的事情产生联系，成为志愿者并帮助有需要的人

快乐的人倾向于与他人分享他们的好运——“感觉良好，做得好”现象。事实证明这有两个方面：当你帮助别人时，你会增强自己的幸福感。亚伯拉罕·林肯在150年前认识到这一点（“当我做了一些好事，我感觉良好”），今天行为科学家正在证实，帮助他人的志愿者或以其他方式表达利他主义的人感觉更好，并且经常体验高水平的幸福感。“很多人在体力活动后都有这种感觉。这仅仅是释放激素，改善我们的血液流动，还是社会比较的机

制再次抬头？激素很重要，但让我们也认识到：当我们帮助另一个人时，我们也觉得——至少相比之下——我们的情况并非如此糟糕。”

如果你还选择参与旨在减少社会不平等的项目，你可能会成为双赢者。在国家层面受到高度尊重的幸福研究人员心理学教授大石忍和迪纳，在一项涉及15万美国受访者的研究中发现，1972年至2008年，美国公民的幸福感与经济不平等程度成反比。不平等越多，幸福感就越少。反之亦然——越平等，越幸福。

10. 要感恩，不要刻意地追求幸福

你不需要成为一名佛教僧侣来感恩你的幸福：家人、朋友、教育、健康或自由。积极心理学一个相对较新的行为科学分支的支持者声称，如果你记得每天晚上感激你当天发生的三件好事，你会发现三周内你的情绪发生了积极的变化。如果你想一下那些饥饿地啃咬我们的社会的蠕虫造成的损害，你会理解为什么要感恩我们拥有的幸福，而不是与他人相比。这是改善我们个人感觉的一个明确的处方——感恩自己所拥有的。

有时，像约翰·巴里摩尔（John Barrymore）所指出

的，“幸福常常从你不知道自己开着的门旁溜进来”。而在其他情况下，如果我们刻意追求幸福，幸福就像一个喜欢躲避我们目光的害羞的家伙离开了我们的房间。因为大多数人不知道什么才是真正让自己幸福的，所以专注于幸福的追求注定会失败。幸福就像蝴蝶——你越是追逐它，它越是躲避你。然而，如果你专注于其他事情，它可能会来坐在你的肩膀上。记住这一点很重要：如果成功是为了获得我们想要的，那么幸福就是想要我们已获得的。

谦逊一点就能走更长的路

我们高估了自信的作用，却忘记了谦逊的力量

媒体大亨特德·特纳据说在20世纪90年代的某个时候说过："如果我能谦逊一点，我就更完美了。"虽然特纳自此以后变得更加谦逊，但今天的科技企业家往往表现出傲慢态度。

为什么要谦逊？毕竟，亚里士多德说："人皆生而欲知。"智慧的谦逊是谦逊的一个特殊例子，因为我们可能会对大多数事情姿态很低，但仍会忽略自己的心理局限。智慧的谦逊意味着认识到我们一无所知——即使我们知道些什么，我们也不应该利用我们的优势。相反，我们应该认识到自己的理解程度和可能有的偏见，并寻找我们缺乏的智慧来源。

互联网和电子媒体给我们的指尖创造了无限的知识。但是，通过让我们变得懒惰，它们开辟了一个无知可以被接受的空间。在Edge网站上，加利福尼亚大学的心理学家塔尼亚·伦布罗佐解释了技术如何增强我们对智慧

的幻想。她认为，我们获取有关某个问题的信息的方式对我们的理解至关重要——我们越容易回想起一个图像、文字或陈述，我们就越有可能认为我们已学会它，因此不需进行费力的认知加工。例如，以不友好的字体呈现的逻辑谜题可以鼓励某人做出额外的努力来解决它们。然而，这种方法与我们屏幕上的应用程序和网站的时尚设计理念背道而驰，我们的大脑在这些程序和网站上以一种看似“平滑”的方式处理信息。

在线进行的所有评论和对话怎么样？你向它们学习的能力取决于你对别人的态度。谦逊的人不会压制、隐藏或忽视自己的弱点。事实上，他们将自己的弱点视为个人发展的源泉，并将论据作为改善观点的机会。谦逊的人往往更加开放，更快地解决纠纷，因为他们认识到自己的观点可能无效。加利福尼亚州斯坦福大学的心理学家卡萝·杜维克表示，如果你相信智慧能通过经验和努力来发展，与那些认为智慧是遗传的和一成不变的人相比，你可能更努力地解决困难的问题。

智慧的谦逊依赖于偏好真理的程度而非社会地位。其主要标志是寻求答案以及接受新想法的意愿——即使它们与我们的观点相矛盾。在倾听他人的意见时，我们冒着发现他们比我们更了解问题的风险。但是，谦逊的人将个人成长本身视为一个目标，而不是作为一种提升社会等级的手段。如果我们只专注于自己和我们在世界上的位置，我们会错过很多可用的信息。

在智慧的谦逊的另一端是知识分子的傲慢——过度自信。这种傲慢几乎总是源于以自我为中心的偏见——倾向于高估我们自己的美德或重要性，忽视机会的作用或其他人的行为对我们生活的影响。这就是我们将自己的成功归因于自己以及未能成功的原因。以自我为中心的偏见是有道理的，因为我们的个人经验自己是最了解的。当经验太少而不能形成严肃的意见时，它就会成为一个问题，影响我们的决策。研究表明，人们很难发现自己的盲点，即使他们可以在其他人身上轻易识别出来。

从进化的角度来看，知识分子的傲慢可以被看作通过强加对其他人的看法来实现支配地位的一种方式。同时，知识分子的谦逊使其将精神资源投入讨论并努力达成群体共识。加利福尼亚州的人类发展中心旨在帮助年轻人获得成功，正在资助一系列关于智慧谦逊的重大研究。他们的假设是，谦逊、好奇和开放是充实生活的关键。

他们的一篇论文通过检查诸如人们是否始终谦逊或谦逊是否取决于具体情况等问题，提出了一种衡量谦逊程度的量表。承认我们的观点（以及其他观点）因环境而异，本身就是朝着减少我们对自己是正确的过度自信观念迈出的重要一步。

在科学领域，如果必要性是发明之母，那么谦逊就是发明之父。科学家必须愿意放弃他们的理论，转而采用新的、更准确的解释，以便跟上不断创新的步伐。许多在职业生涯早期取得重要成果的科学家发现自己已被自我封锁，无法取得新的突破。哲学家杰伊·伍德在他迷人的博客中认为，与那些缺乏这种美德的科学家相比，谦逊的科学家更有可能获得知识和洞察力。他说，智慧的谦逊“改变了科学家自身，使他们能够以更有效的方式指导他们的能力发展和实践”。

据报道，当阿尔伯特·爱因斯坦说“信息不等于学问”时，他已知道这一点。谷歌前人力资源负责人拉斯洛·博克对此表示赞同。在接受《纽约时报》采访时，他说谦逊是他在寻找候选人时要求的最重要的特征之一，但在成功人士中很难找到，因为他们很少经历失败。他说：“不谦逊，你就无法学习。”也许有点讽刺，因为谷歌在使信息看起来即时、无缝且容易掌握方面比其他公司做得更好。也许只有当你没有意识到自己的谦逊的时候，你才能拥有这种品质。

第二章

聪明人为什么
会犯愚蠢的错误

聪明人为什么会犯愚蠢的错误

大脑是如何继续保护我们免受不再存在的威胁

请闭上你的眼睛，想象宇宙的整个历史，从大爆炸到现在，发生在 24 小时之内。大爆炸从凌晨开始，但我们宝贵的太阳在下午 3 点 43 分才升起。细菌，第一个生命迹象，出现在下午 6 点 40 分。7 个小时后，昆虫出现了，一颗小行星在离午夜还有 6 分钟的时候撞击地球，把恐龙消灭了。人类的祖先在离午夜只有 31 秒的时候从树上下来，而我们智人在离午夜不到 1 秒的时候形成了。我们所知的所有人类历史都发生在那 1 秒的最后 1/3。

在这个微小的时间跨度里，我们发明了中世纪的浪漫、原子弹、职业、民族主义，以及奇妙的真人秀现象。我们每天所关心的只不过是进化过程中的一瞬间。这就引出了一个问题：如果人脑花在昆虫和猴子身上的时间比花在其他人身上的时间多，这不会影响我们应对现代挑战的方式吗？事实上，人类在最近几个世纪的发展对缓慢的进化过程来说似乎太快了，我们大脑的各个部分仍然不适应现代生活的要求。

我们与其他物种的相似性表明了我们的局限性：我们与黑猩猩（最像我们的物种）共享 98.76% 的基因。因此，当面对挑战时，我们很可能会使用一种与黑猩猩和较小物种都会使用的技能，而毫不自觉，这一点并不令人惊讶。我们的大脑和它们的大脑一样，是一台精密的机器，不断地监视威胁。在对早已远离我们的威胁的徒劳探索中，人类大脑形成并广泛使用其原始的能力检测模式：生存依赖于对威胁模式的早期检测，这是自然法则。

对我们的大脑来说，宁愿付出 99 个虚假警报的代价，也比错过 1 次真正的威胁要好。其结果是形成了一种明显浪费的机制，它不会“惩罚”错误的检测或为防范所发现的各种潜在威胁而调动资源。与此相反，在金融投资中，对模式或趋势的错误检测几乎会立即受到惩罚。

最近，人们非常关注两个友好分享大脑的系统：情感系统和心理系统。情感系统是我们所感知的“直觉”，它的快速、自动的反应是大脑的默认反应。情感系统负责我们的生存，通过启发式方法和快捷方式管理大量的信息——往往以牺牲正确判断为代价。但当你的生命危在旦夕时，快速地决定才是最重要的。当我们用母语说话或说出真相时，就是情感系统在起作用。同样的系统使我们更关注发言者语气的变化，而不是他所说的内容。而心理系统进行更复杂的评估，随后确定或更改情感系统所做的决策。然而，当它分心或太慢时（情绪系统的反应速度是其两倍），我们错误地认为，当我们通过高度偏向的情感系统做出反应时，我们是理性的。

情感系统的主要缺点是对概率完全视而不见。因此，我们允许随机事件影响我们的思考方式。爱因斯坦认为“巧合是上帝保持匿名的方式”。同样地，诺贝尔物理学奖得主沃尔夫冈·保利认为，巧合是无形原理的可见痕迹。当我和我的妻子在伦敦遇到她的一个失散多年的儿时朋友时，我们需要努力提醒自己，在一个拥有一千万居民的城市里，每天发生的事情有百万分之一的可能性。说到巧合，我们往往会拒绝统计数据，而屈服于给予我们的生活外表价值的诱惑——产生控制感。我们把成功归因于才能，而把失败归因于运气不好，忽视了成功中有很多偶然和运气的因素。

承认“回归平均值”这样的统计真理是很无聊的：在

这种现象中，第一个测量值极端的变量往往更接近第二个测量值的平均值。这一趋势首先被弗朗西斯·高尔顿在19世纪晚期注意到，当时他观察到父母的极端特征（如身高）并没有完全遗传给他们的后代。父母个子高的孩子往往长得高，但不如父母高；父母个子矮的孩子会比大多数人矮，但可能比父母高。当顶级运动员拒绝上封面的时候，一本广受欢迎的杂志《体育画报》就真的出了问题，因为有传言说在杂志封面上出现会导致接下来几周的糟糕表现或受伤。编辑们调查了他们认为是都市传说的事情，却沮丧地发现这些是真的：在所检查的2456个样本中，他们发现其中有913个运动员在登上杂志封面后成绩下降。而回归平均值完美地解释了这一点：运动员在取得优异成绩后，会在头版留下美好的印象。在此之后，除非在技术上有一些立竿见影的进步，否则他们将自然而然地回到他们的平均分数，而不是那些能获得头条新闻的分数。

媒体总喜爱一些独特的故事，而从不追寻乏味的平均回报。正如丹尼尔·卡尼曼在诺贝尔奖获奖感言中所说的，我们得到的只是一个特别悲伤的周末道路上的伤亡人数、足球进球的最高或最低的新纪录、飞行指导学校的飞行员表现。如果你不知道回归的平均值，倾向于寻找意义和模式，那么你必然会投放太多的重要精力在一个不寻常的事件上。

当然，大自然为我们提供了大量诱人的随机模式。有了足够多的样本，我们就能检测到任何我们想要的模式：我们的大脑会自己把这些点连接起来。在繁星满天的夜晚仰望天空，你会看到你想要的一切——狮子、蝎子或北斗七星，你可以说出它们的名字。英国数学家和哲学家弗兰克·拉姆齐毕生致力于研究混沌。他发现，即使在相对较少的样品中也能发现一定的顺序。根据拉姆齐定理，如果我们按照我们喜欢的顺序重新排列前 101 个数字，我们总是会发现有 11 个数字是按顺序递增或递减的（但不一定是连续的）。

你能看到这里所产生的错误决定吗？一方面，我们大脑的原始部分寻找用来检测威胁的模式；另一方面，自然（和人类）总是创造随机模式。这两者的结合产生了人们所熟知的人性弱点：过度自信。有 80% 的人认为自己比一般人更适合开车、谈恋爱和当父母，而且寿命会比同学长。70% 的律师认为自己的案件证据比对手更有力。鉴于 19% 的美国公民认为自己的财富排名前 1%，过度自信必然会使你在任何工作面试或聚会上更具有吸引力。

人们变得过度自信的根源在于我们的祖先为了欺骗他人而获得的技能，更重要的是——欺骗自己。为了在正式分享之前窃取一些狩猎的战利品，你必须知道如何欺骗其他人。如今，我们大多使用欺骗的手段来改善我们的社会地位。当我们撒谎时，我们的大脑不喜欢这样，并且通过改变我们的生理反应或选择短语和其他各种告示来让我们离开，这是多么令人讨厌啊！为了摆脱欺骗，我们必须先愚弄自己的大脑。如果不发展出一些激烈的压制机制，我们就很难应对生活给我们带来的失败。过度自信之路始于此。

如今，过量的信息会令人们变得过度自信：我们都认为自己可以有效地处理来自各个方向的信息并区分好与坏。不幸的是，这种想法是错误的。在一个著名的实验中，心理学家保罗·斯洛维奇测试了信息水平和过度自信之间的联系。他向 8 个赛马庄家询问了他们认为哪些因素决定了马匹赢得比赛。结果列出了 88 项变数，如马匹的历史表现、马场的质量、骑师的体重等。接下来，斯洛维奇根据他们列出的重要性顺序，向他们提供了过去 40

场比赛的数据。数据分为四个阶段：一开始是 5 个变量，然后是 10 个，20 个，最后是 40 个。每到一个阶段，研究人员都问赌客，他们认为哪 5 匹马会赢得这场比赛以及他们对自己答案的肯定程度。他发现，无论庄家掌握多少信息，选中的准确率都是一样的。然而，随着所获信息的增加，赌客们对自己答案的信心也急剧上升。

过度自信导致我们做出错误的决定，因为即使我们不这样做，它也会让我们采取行动。投资者知道，过度行动对于企业来说是可怕的，一项特别原始的研究发现，守门员在点球时站着不动会比在球门前跳更好。过度自信也使我们拒绝纯粹的机会，给我们一种虚假的控制感，并导致我们低估别人的反应——这是其导致的典型错误。像气象学家一样，不断对自己的决定做出反馈的人，较少过于自信。而且，很明显，沮丧能让你避免过于自信，比那个惹人厌的同事更能把握现实。

我们根据三种信息来做出决定：我们知道我们知道的，我们知道我们不知道的，我们不知道我们不知道的。最后一类是受到过度自信的影响——我们越是承认自己不知道的事情，就越能做出更好的决定。但我们必须有临床抑郁症才能做到这一点吗？如前所述，心理学的一个相对较新的分支提供了一个更加乐观的选择，称为“智慧谦逊”（见《谦逊一点就能走更长的路》）。

智慧谦逊的两位主要研究人员彼得·萨缪尔森和伊恩·乔许在2014年发表了一篇题为《已知或者未知：我们如何学会不再担心不确定性和爱智慧谦逊》的文章。他们强调，对于政策制定者和我们其他人来说，承认某些信息是未知的是多么重要。他们把智慧谦逊定义为：“坚定地持有信念，这信念是值得的。有些信念，如2+2=4的信念，值得我们以最坚定的态度来看待；否则，对于2+2=4这一命题就会产生严重的、挥之不去的怀疑——是否在智慧上缺乏自信或自卑。至于其他信仰，如关于多少天使能在大头针上跳舞的信仰，不值得人采用坚定的态度；比如，确信能在大头针上跳舞的天使个数是五个——那就是在智慧上傲慢自大。”

对法国老师说声谢谢

为什么用外语介绍问题克服了主要的认知偏见

在这个时代，非洲大草原上史前人类的生存挑战已经被新的挑战取代，我们无论是在消费、投资还是在职业上，都必须做出不同的选择。而我们的情感系统则延续了许多过时的本能，专注于减少风险和实时的回报（在食物耗尽之前），正如我们已经看到的那样，它的主要缺点是完全无视概率和满足现代世界的一些需求时所需要的复杂计算。我们误判的很大一部分原因在于，我们对自己的理性系统抱有信心，而我们实际上是被迅速反应的情绪系统支配。

这一现象被称为“认知偏见”，至今已经确认了几十种。其中最受认可的是阿莫斯·特沃斯基和丹尼尔·卡尼曼所做的研究，以及后者在 2011 年出版的《思考，快与慢》一书，这是一个深入我们决策方式的迷人旅程，也是一幅悲伤的画面，描述了我们的思想屈服于情感系统的支配。

两种比较著名的偏见属于卡尼曼和特沃斯基在20世纪70年代末发展起来的前景理论——“呈现偏见”和“风险厌恶”。根据第一种情况，我们倾向于选择一种可能性而不是另一种具有相同统计预期的可能性，仅仅因为每种可能性都呈现给我们。例如，如果你身边的人生病了，并需要接受手术，你更希望做哪个——死亡率达30%的手术还是成功率达70%的手术？另外，风险规避反映了失败的情感痛苦和成功的快乐之间所缺乏的对称性。事实证明，我们中的大多数人愿意通过赌博来获得积极的赢利机会，以避免损失带来的痛苦。实际上，从卡尼曼和特沃斯基在1979年的重要实验来看，潜在的利润必须是可能损失的两倍或更多，才能抵消我们的风险规避心理。

如果情感系统确实是我们许多决策偏见的原因，那么，有意思的问题是，在使用外语的同时做出决策可能会为大脑创造一个决策旁路，而这种旁路能够中和决策过程中的情感成分。芝加哥大学的波阿兹·科萨领导的一个研究小组接受了这项研究的挑战，并试图解答用外语思考是否能减少可能影响决策的认知偏见。研究人员从早期的研究中得到了鼓励，这些研究表明，人们对外语中所说的禁忌词、责骂甚至爱的词语的反应与母语中所说的一样强烈；换句话说，是大脑中处理外语的部分的激活减少了情感系统的影响，希望能让一个更理性的决策系统获得提升。

研究人员在三大洲进行了 3 项研究，共有 600 多名讲多种不同语言的被试。在一系列实验中，研究人员向被试展示了卡尼曼和特沃斯基在想要模拟表达偏见时开发的“流感问题”。两人为他们的主题提供了一个假想的场景，美国正在为一场流行病的暴发做准备。鉴于疫情即将来临，被试被要求在两个行动计划之间做出选择。人们认为一个是相对安全的，可以确保 1/3 患者的生存；另一个似乎风险更大，能挽救所有人的生命，但如果失败，2/3 的患者将会死亡。尽管在统计效用方面，两种选择都是相同的（只有成本 / 回报率不同），但事实证明，当结果以积极的方式呈现时（病人会得救），人们明显倾向于更安全的选择，但是，当他们试图避免以消极的方式呈现结果（病人将会死亡）时，他们倾向于押注在风险上。然而，当科萨和他的同事用外语向他们提出问题时，他们更好地应对了表达偏见的影响，并设法发现两个提案中的相似性。

为了测试语言对偏见和风险厌恶的影响，每位被试都收到 15 个 1 美元，有 15 轮下注机会，每轮可投 1 美元。在每一轮中，被试可以决定是保留 1 美元还是将其用于下注，如果他们赢了，就可以获得额外的 1.5 美元，如果他们输掉了，就有失去 1 美元的风险。当这一过程以英语（他们的母语）呈现时，他们受到风险厌恶（对损失的恐惧）的影响更大，即使赌注的预期值为正，也只有 54% 的被试决定下注。当这一过程以西班牙语（他们所学的语言）进行时，71% 的被试下了赌注。研究人员得出结论：用外语做决定可以减少过程中的情绪反应，从而降低做决定时出现偏见的可能性。

如果真是这样的话，现在不正是我们的投资计划的管理者们用外语向我们表达他们的建议的时候吗？当然，这只会用于他们使用自己的外语进行投资时。

囚犯的困境

法官作为人类——思考的食物

西方人常愤世嫉俗地说，法官的裁决取决于他早餐吃的是什么。这一说法最近得到了科学的证实。2010 年，由班古里昂大学的史艾·丹齐格、利奥拉·阿夫男－佩索和哥伦比亚大学的乔纳森·拉维夫发表的一项研究指出，法官的用餐时间与其决定是否允许提前释放行为良好的囚犯之间存在联系。

这项研究调查了两个假释委员会的 8 位法官在 10 个月内所做出的 1112 宗司法裁决，结果表明，一名囚犯提前获释的机会与一天中要讨论的案件之间存在着高度的相关性。无论是囚犯犯罪的严重程度，还是他们的国籍或性别，都不能决定判决的结果——主要决定因素是法官名册上的案件顺序。如果犯人的案件是在凌晨被提交假释委员会审理的，那么他们有 2/3 的机会获得长期释放。在早间或午间休息前同意申请的概率几乎下降到零，但随后随着时间的推移，这种概率会逐渐恢复并再次降低。

研究人员对这一现象做出了解释：一系列的决策需要伴随使用逐渐耗尽的精神资源。在这种情况下，决策者往往选择保存这些资源的默认选项。目前的情况是：拒绝假释申请或安排新的审讯是比批准提前释放更快的决定（平均 5 分钟，而不是 7 分钟）——这就降低了出错的固有风险。休息和用餐可以让法官重新振作精神，同时使获得假释的普遍性得到提高。不，我们在这里要处理的不是由法院书记员保证的先讨论的简单案件的初步准备工作（案件的顺序由囚犯律师出庭的顺序决定），而是一个越来越受到研究者关注的现象，理应被称为“决策疲劳”。我们被要求做决定的时间越长，我们疲惫的大脑就越寻求捷径。其中一个选择是放弃评估后的决定可能产生的后果（这会导致不负责任的行为），但更常见的选择是不做任何选择——最终的默认选择。

《纽约时报》科学作家约翰·蒂尔尼在调查这一现象方面更进一步。在 2011 年出版的一篇文章中，在他与罗伊·鲍迈斯特合著的《意志力：重新发现人类最强大的力量》一书出版之前，蒂尔尼声称，决策疲劳对我们每个人都造成了沉重的伤害。因此，我们往往会对同事和亲戚生气，买快餐和不健康的食品，并且很难拒绝保险代理为抵御某些外来风险提供的保险。

事实上，任何长期锻炼“意志力肌肉”的人都会削弱他继续使用它的能力。那些克制自己不吃糖果的被试比他们的朋友更容易受到其他诱惑。在白熊实验中，研究人员要求参加实验的人不要去想白熊，让他们的思想漫游，后来他们在购买有限品种的产品时遇到了限制自己的困难。在随后的一次冰激凌品鉴活动中，那些设法用必要的自律来放弃吃早点的被试比那些没有放弃吃早点的同事吃得更多。

然而，大多数关于意志力的研究到目前为止更多集中在自我约束和自律的结果上，而更少集中在由一系列决策所带来的认知负担上。在这些决策中，我们必须在两种诱惑或两种不同的行动之间做出选择。事实证明，这样的选择比抵制诱惑或延迟满足更令人疲劳，因为一旦我们的精神资源耗尽，我们权衡各种选择的能力就会大大降低。计算取舍是人类特有的一个过程（大自然不会给捕食者和猎物之间留出太多空间），从进化的角度看，它出现在大脑前部发展相对较晚的区域。按照规则，在压力重重的情况下，最新的“进化习得”是最先出现的。随着自我约束的削弱，计算取舍的能力立即受到损害。例如，当我们处于购物狂潮中时，在选择各种产品的过程中比较价格和质量会侵蚀我们的智力资源，使我们更易受到销售人员的影响，因为他们善于抓紧推销产品的时机。

蒂尔尼在他的专栏中引用了乔纳森·列瓦夫针对新车购买者所做的一项研究。客户被要求从56种可能的汽车颜色、4种换挡旋钮、13种轮圈和25种引擎及变速箱配置中选择适合他们的组合。他们很快就产生了决策疲劳，选择了默认选项，而更糟糕的是，选择了那位有礼貌但有偏见的销售员的推荐。后者首先呈现出特别累人的选项（选择一种颜色），加速了疲惫客户的决策权到期。在实验中，一个“新”客户所选的选项和一个疲惫客户所选的选项的平均价格差达到了2000美元。蒂尔尼认为，穷人会因为这样的选择变得不幸。由于很快受到决策疲劳的折磨，陷入精神上的捷径，他们要背负高额的利率贷款。

决策疲劳也是把糖果放在超市收银台附近的主要原因。一旦消费者在一系列的购物决定中耗尽了意志力，他们就像饭后的评委一样，为了恢复体力不能忍受大量碳水化合物的诱惑。碳水化合物在增强意志力方面所起的作用也是减肥者所处的陷阱的关键所在：为了避免进食，他们需要意志力，但为了增强意志力，他们必须进食碳水化合物含量高的食物。碳水化合物在增强意志力方面起着重要作用，疾病期间碳水化合物下降的主要原因是免疫系统所需的葡萄糖水平下降。下次你想带病上班时，最好记住一项研究发现：患有感冒和轻微流感症状的驾驶者比在轻度醉酒状态下（会被吊销驾照的那种）驾驶更为危险。如果处理像驾驶这样简单的任务变得有问题，那么工作中的任务就会变得更加复杂。在研究人员看来，血糖水平的急剧下降也发生在月经期间，这解释了在这种时候意志力的下降和对诱惑（食物、吸烟、购物）的屈服。

但正如我们已经看到的，那些以最好的方式处理决策疲劳的人是那些以节省意志力资源的方式来安排自己的日程的人。与那些在起飞和着陆时依赖于准备好的检查表的飞行员不同，他们的习惯旨在减少他们在日常工作中必须做出的决定的数量。我也听说过一些商人在下午 4 点以后不做重要的财务决策，因为他们意识到当时间晚了，不管是熟练的销售员还是有经验的谈判员，都更容易受到交易另一方的争论的影响。

如果我不是为了自己

关于强大的以自我为中心的偏见

这是为你下周五晚上的朋友聚会而设的一个有趣的室内游戏。请已婚朋友估算一下他们对维持家庭生活的相对贡献，并把这个数字以百分比的形式记在一张纸上。然后收集笔记，向每个人展示你从一开始就可以告诉他们的结果：每个人都估计自己承担着 60%~70% 的负担。

我们大多数人往往对自己的评价都超出了我们的实际水平。当我们被要求评估在伙伴关系中，或者在为之工作的组织或团队中的贡献份额时，我们往往会高估自己。这一现象被行为科学家称为“自我中心偏见”，它是如此强大，以至于当研究人员声称他们对一项研究的贡献大于他们的合作者时，他们也无法对此免疫。在一项特别令人耳目一新的研究中，科学论文通常由几位研究人员（在我们的研究中为四位）合作撰写，他们被要求对自己的贡献以及其他人对他们共同发表的研究的贡献进行评估。如果你计算研究人员在写论文时归因于自己的贡献率之和，你将得到的结果是140%。通常，这种有偏见的估计会导致他们对论文作者顺序产生争论，学术准则反映了他们对研究的相对贡献。

你也不应该为球队比赛中当选为NBA最有价值球员（MVP）的自以为是的宣告所愚弄。任何一个读过体育版的人都会意识到这一点，即只有当体育专栏作家把比赛英雄的称号加冕给他之后，他才能坦然地这样看待自己。

以自我为中心的偏见也是解决冲突固有的困难原因。我们专注于自己对数据的贡献和解释，并没有注意到他人的贡献或解释，甚至是那些与我们关系密切的人。这种偏见使我们首先以满足自身需求的方式评估数据：我们事先决定我们喜欢的结果，然后通过扭曲定义公平的标准来试图证明我们的主观偏好是公平的。

诉诸法庭的争端是另一个很好的例子。即使原告和被告的代表拥有相同的信息，双方也将采用不同的处理方式，以支持自己的立场。被告最好能回想起支持其利益的细节，而对支持原告立场的细节却不需要记起，反之亦然。因此，他们面对审判或仲裁时经常高估自己的成功机会也就不足为奇了。一项研究发现，在庭审前被问及他们的案件时，70% 的律师认为他们比另一方更有优势。此外，他们倾向于采纳支持其立场的法律案件的细节，而忽视不支持其立场的细节（过度自信是另一个促成因素）。

在哈佛商学院的马克斯·巴泽曼和圣母大学的安·滕布鲁塞尔于 2011 年出版的一本书中，他们谦虚地说："这是团队合作的成果。"他们书的名字为《盲点：为什么我们无法做对的事》，作者调查了各种限制我们的判断从而限制了我们的道德行为的因素。以自我为中心的偏见在他们的书中被重点提到。这对搭档记录了一项实验，研究人员在一堂谈判课上向被试和学生提供了一辆汽车和一辆摩托车相撞后提起的诉讼的所有信息。学生分成两组，一组代表本案原告，另一组代表被告。每一组都被要求尝试达成和解来解决这场诉讼。有人向他们解释说，不这样做会使他们客户的情况更糟。此外，他们还被告知，如果出现僵局，损害赔偿金额将由一名中立人士确定，该中立人士要根据其处理的类似诉讼做出最终决定。在开始谈判之前，参与者被要求与研究人员分享他们对法官判决的评估，并完全保密。

研究人员发现，原告的代表估计法官判定的赔偿金额是被告的代表估计的两倍以上。

但更有趣的发现是，在实验中双方的估计差距是他们解决诉讼问题的一个极好的预测因素。原告代表与被告代表之间的差距越小，他们通过达成和解解决诉讼的概率就越大。

以自我为中心的偏见的最终成因是数据的模糊性，因为当数据明确时，我们的头脑对操纵的贪婪（这自然是为我们的利益服务）是有限的。同样，在关于空气污染、捕鱼权和农产品补贴的很多国际争端中，缔约方倾向于根据其国家需要，采用不同的标准来确定公平解决方案。令人沮丧的是，由于存在偏见，他们根本不知道自己处于这种情况；他们非常确信自己的解释与数据精准匹配。这种偏见的影响是如此之大，以至于即使是熟悉这种现象的人也能很容易地在他人身上看到它，但在他自己身上却看不到；这是另一个以自我为中心的例子——展现了以自我为中心所带来的偏见。

减少这种偏见所造成的严重损害的有效方法是，试着站在对方的立场，考虑一下他的想法。他会根据哪些数据做判断？难道我们面前的数据不能证明对方的某些立场是正确的吗？他会明白我们的观点吗？我们必须明白，通常相反的一面也同样正确。它只是以不同的方式解释数据，就像我们一样。

认识到我们的无能

为什么无能的人不肯承认他们的无能

如果你想知道为什么没有幽默感的人要继续讲一些不好笑的笑话，为什么赌徒继续在货币市场上赌博（然后输掉），还有，为什么西方那些没有政治头脑的人决心要运作一场毫无希望的竞选活动，答案可能已经揭晓了。

戴维·邓宁和贾斯汀·克鲁格于 1999 年在康奈尔大学时共同发表的一项研究，近年来重新出现在网络上，解释了为什么无能的人不肯承认他们的无能。这项研究还阐明了为什么我们在评估我们不知道的事情时，会面临一个根本性的困难。这种偏差现象，被称为“邓宁－克鲁格效应”，它隐藏了一个复杂的逻辑，需要花一点时间来理解：在某些领域能力有限的人，也会错误地评价他们自己在这一领域的能力。换言之，这些人在某方面的能力与对自己在这方面能力的评估水平是相同的。因此，我们当中的无能者具有双重的负担：他们不仅在某一特定领域的决策和选择上犯了错误，而且在这一领域的无能也使他们无法注意到这一点。研究人员认为，自我评估技能的缺陷为上述问题提供了答案。

邓宁和克鲁格进行了研究，涵盖了该现象的各个方面。在前两项研究中，研究人员在三个方面进行了一系列测试：逻辑推理、幽默感（被试被要求将笑话的幽默程度评分，与专业喜剧演员的评分相比较）和英语语法。当被试被要求评估他们的表现时，结果表明，被试在测试中得分越低，他们越倾向于高估自己的表现。也就是说，实际和感知表现之间的差距与考试成绩成反比。

例如，在逻辑推理测试中排名后 12% 的被试估计他们的测试分数高于平均水平，并将自己排在参与者中 62% 的位置。在英语语法和幽默感测试中得分较低的人也有类似的评估错误。

另外，那些能力很强的人往往低估了他们的技能（尽管程度较轻）。研究人员将这归因于这样一个事实，即在缺乏关于他人表现的信息的情况下，那些非常有能力的人会估计有些人的得分与自己相似，因此他们倾向于高估他人的能力。

在第三项研究中，研究人员在看到其他人给出的答案后，试图追踪被试提高自我评估的能力。研究人员将其他五名参与者的答案给了研究中的一些参与者，并要求他们评估这些被试的水平。然后要求他们回去重新评估自己的表现。能力较低的人很难评估他人的水平，也无法提高自己的绩效评估能力（有些人甚至向上修正了自我评估）。而另一方面，那些能力很强的人一旦看到别人的工作，就会迅速修改对自己能力的评估。第三项研究的结果不会让哲学家伯特兰·罗素感到惊讶，他在很久以前就认为一个傻瓜永远无法准确地解读一个聪明人的话，因为这个傻瓜会无意识地把他听到的翻译成他能理解的东西。

鸟脑

当鸟类比人类还聪明时

如果你认为“鸟脑”（birdbrained）是一个术语，指一个人的理解力很差，请再想一想这么表述是否合适。这是一项关于灵活思维的研究，让这类有翅膀的生物与人类比赛创造力，最终以人类的惨败而告终。

这场竞赛是在解决“蒙提·霍尔问题”的框架下进行的，这个数学难题似乎永远不会停止，就像一罐20多年来还没有用完的油，让我们获得对自身局限性的洞察。这里我们面临的不仅仅是解决难题的困难，实际上是接受已有解决方案的困难，即使它有权威和可靠的来源。

我在以前的书中提到的“蒙提·霍尔问题”，是在20世纪90年代初由蒙提·霍尔在主持播出的电视节目《让我们做个交易》中构想出来的。这里再次简单地说明一下这个问题：节目中的参赛者被要求选择三扇门中的一扇。一扇门后面是一辆新车，而另外两扇门后面是山羊。想象一下你是节目中的一名参赛者，经过深思熟虑之后，你指向你选择的门，希望赢得那辆车。主持人知道汽车的位置，他打开另外两扇门中的一扇，并揭示门后的山羊。现在，他给你一个选择来改变你的第一选择，可以选择他没有打开的另一扇门。自然而然地，你会问自己，主持人的行为是否有一点点可能说明在你选择的门后面有车的概率发生了小小的变化（之前的概率是 1/3）。要换门吗？这和换了一排机场安检队列，却痛苦地发现原来那队行进得更快的情况类似。

大多数的参赛者并不倾向于改变他们的选择，而他们做出决定的原因是，在任何情况下，只要两扇门保持不变，而且两扇门后藏着汽车的概率是相等的，那么为什么要做出改变呢？事实上，你所选择的门后藏着汽车的概率并没有改变；但是你最好利用主持人的提议选择另一扇门，因为主持人没有打开的门后藏着汽车的概率，已经上升到 2/3 了。

解决这个难题的关键在于，知道哪扇门后藏着汽车的主持人永远不会打开那一扇门。因此，如果你首先选择了一扇藏着山羊的门（2/3 的情况），你应该接受主持人的提议并改变你的选择。如果你选择了藏着汽车的门（1/3 的情况），替代策略将使你失去汽车。简而言之，如果你多次面临困境，且每次都决定改变你的选择，那么在 2/3 的情况下，改变会得到回报，在 1/3 的情况下不会。因此，接受主持人的提议并改变你的选择是正确的决定。

事实上，无论困境出现在哪里，它都会暴露出受访者已经意识到，另一扇门所体现的可能性证明了选择改变是正确的。有些人错误地估计概率是相等的，因此认为改变自己的选择是不值得的。最糟糕的是，即使向他们解释了解决方案，他们仍然坚持自己的版本，拒绝接受解释如何解决难题的信息。

华盛顿州惠特曼学院的研究人员沃尔特·赫布伦森和茱莉亚·施罗德想弄清楚，选择换门的困难是人类独有的，还是其他物种也有的。据报道，6 只银王鸽参加了测试。它们得到了一个鸟类版本的游戏，匹配它们的尺寸，特别是它们的嘴的大小。每只鸽子都发现在它面前有 3 个发光的圆圈，它可以啄任何一个圆圈，把混合的谷粒释放出来。在第一次啄食之后，所有的圆圈都变暗了，1 秒钟后，只有 2 个圆圈再次亮了起来，包括鸽子在第一次尝试时选择啄食的那个圆圈。一台电脑扮演着在原电视节目中主持人的角色，并选择了两个亮着的圆圈中的一个来隐藏谷物。实验人员想知道，如果重复最初的实验，让在第二次尝试时改变了啄食选择的鸽子得到奖励，是否会导致它们一致地放弃最初的选择。电脑确保了在 2/3 的情况下，改变最初的选择可以让鸽子得到它们所渴望的食物——就像前面电视节目中的游戏一样。

在实验的第一天，鸽子只在略多于 1/3 的情况（36%）下改变了选择。但是，在研究人员每天重复实验的 30 天后，6 只鸽子几乎每一次（96%）都会改变选择，以赢得所有可能得到的食物。鸽子们只是知道，获得食物的机会随着选择的改变而增大，所以它们几乎每次都改变选择。

接下来，赫布伦森和施罗德要求 13 名学生在同一场比赛中扮演鸽子的角色，研究人员在解释过程中不遗余力，并要求被试尽可能得分而不是得到谷物。每名学生都有 200 次尝试来评估要按哪个圈以获得分数。在实验的最初阶段，那些坚持自己最初选择的人的比例与那些决定改变选择的人的比例是相同的。在一个月后，学生们重复了选择的过程，并得到了他们决定后的多次结果，但仍只有 2/3 的学生改变了决定，低于鸟类的比例。

为什么人类在鸽子成功的地方失败了？嗯，在蒙提·霍尔问题上，有两种策略。一种是建立在分析方法的基础上，计算每个决策成功的概率（是坚持最初的选择还是改变它）。另一种是在有反复的经验之后，从经验上形成一种策略。研究人员认为，人类更喜欢第一种方法，但在计算概率时遇到了困难，特别是当他们是有条件的时候（如果已经发生了这种情况，再发生这种情况的可能性有多大？），所以他们在计算时感到纠结。而另一方面，鸽子的决定基于经验。如果它们在实验过程中发现，在2/3的情况下改变它们的选择是正确的，那么它们总是会选择改变。与之相反，人类容易受到一种称为“概率匹配”的偏见的影响，如果他们发现在2/3的情况下切换他们的选择是值得的，那么他们往往只在2/3的情况下选择这样做（而不是认为每次这样做都是正确的）。

这项研究的一个有趣的推论是参与者的年龄和他们处理问题的能力之间的联系。结果发现，越年轻的参与者的表现越好，八年级学生的分数也比大学生高。可能是因为所接受的教育正在使人形成偏见，而阻碍了我们解决某种逻辑问题的能力？当然，赫布伦森在他的文章中说，即使是著名的数学家保罗·埃尔德什也“拒绝接受同事们”基于经典概率对磁流体动力学问题的解决方案。最终他在看到一个简单的蒙特卡洛计算机模拟后才毫无疑问地相信，转换是一种优越的策略。“直到他能够像鸽子一样通过经验概率处理这个问题，他才接受最佳解决方案。”

我看见一只在玩莫扎特的猴子

论都市传说的根源

“一个谎言能够周游世界半圈，然而事实恰放在谎言的脚上。”

——马克·吐温

在几年前芝加哥大学进行的一项实验中，研究者把五只猴子关在一个笼子里。一根香蕉被悬挂在笼子的中央，在它下面放置了一个梯子。不久，一只猴子开始朝香蕉的方向爬去。当侦测到它的脚踏出第一步时，笼子里的其他猴子就被泼冷水。过了一会儿，又有一只猴子试着碰运气，研究人员再次向它的笼友泼了冷水，同样的情况发生了好几次。冷水管最终从笼子里被拿出来，但每当其中一只猴子朝梯子走去时，其他猴子就会阻止它这样做，有时还会肆无忌惮地使用暴力。此时，研究人员把其中一只猴子从笼子里放出来，换成另一只猴子。新来的猴子立刻发现了香蕉并迫不及待要得到它，但刚踏出第一步，它就遭到了其他想阻止事情继续发生的猴子的攻击。在又一次尝试之后，这只猴子也知道，为了自己的身体，最好还是放弃香蕉。

接下来，又有一只新来的猴子，这一过程重复了一遍——最近加入该团体的猴子在新猴子试图抓香蕉时，对这只新猴子发起了攻击，甚至表现出了一种明显的对攻击新猴子的热情，这种热情通常是留给那些刚刚改变信仰或是年轻战士的。这类人致力于给他们最近加入的战斗部队里的老兵留下深刻印象。然后是第三只猴子。它一爬上梯子，就立即受到其他猴子的野蛮惩罚。其中两只刚来就被打的猴子根本不知道为什么不可以爬上梯子，更不知道为什么要参与攻击那些新来的猴子。

在第四只和第五只猴子到来后，仍然没有猴子在笼中被泼冷水。然而，笼子里的猴子却没有一只试图爬上通往香蕉的梯子。

不久前，我从一位滑雪教练那里听到了这个有趣的故事，他试图说服我认识到自己像猴子一样养成了一些有害的滑雪习惯，但我从来没有费心去检查这些习惯的来源。在这一点上，自从在多年前被介绍这项充满活力的运动，我就应该要有这样的一个认识，并采用新的滑雪技术，以更匹配现代设备的先进程度。我喜欢浏览和在网上寻找故事的起源。通过在网络上的搜索，我很快找到了这个故事及其教育课程。某些版本偏好用梯子，有些版本用楼梯，有些版本则是有四只猴子。在一个版本中，猴子会说人类的语言，受虐的猴子问其他猴子："为什么呢？"它们一致回答说："因为我们一直都是这样做的。"

上述研究的主要问题是它从未发生过。事实上，是一位加拿大研究人员在1967年对恒河猴的行为进行了研究，他假设一只幼猴和其他猴子一起被关在笼子里，会适应笼中猴子的行为模式，仅此而已。欢迎来到都市传说研究部门。我已不止一次地告诉我的读者这个故事。但这正是都市传说神奇的地方——它们被反复讲述，一遍又一遍。然而，这就引出了一个问题：当如此多的重要信息甚至无法进入我们的意识时，是什么让都市传说成为如此吸引人的信息呢？

都市传说经常带有一个道德的教训，例如在笼中的猴子的故事，它们首先是故事——有一个背景，主角，一个达到高潮的情节，以及一句能揭示故事情节的妙语。它们帮助人们自我娱乐，并向他人灌输社会价值观和规范，其中一些反映了许多人共同的恐惧和担忧。都市传说之所以在我们心中占有一席之地，是因为它们在文化或经济环境中为我们所有人提供了富有启发性的社会见解。很难追踪它们的来源，有些起源于过去，但是像猴子故事这样的都市传说，据说起源于一项科学研究，比其他传说有着独特的优势：我们可以绘制它们的进化图，因为它们的来源是确定的和已知的。

其中一个著名的传说声称听古典音乐（尤其是莫扎特的作品）可以提高婴儿的智力。这一信念起源于 1993 年《自然》杂志发表的一项研究。该研究发现，学生们听了 10 分钟的莫扎特奏鸣曲后，在空间智力测试中的表现提高了 8 到 10 个百分点。这一被称为“莫扎特效应”的发现引发了随后的研究热潮，这些研究试图复制最初研究的结果，但最多只能得出好坏参半的结果。一项综合比较分析考虑了关于这一主题的 16 项不同研究，得出的结论是，总体影响是微不足道的。尽管莫扎特效应未能达到科学标准，但在民众中仍广受欢迎。这项研究被引用在无数的公众辩论中，这些辩论涉及一般的教育，特别是婴儿的技能培养（别忘了，最初研究的参与者都是大学生）。在这股热潮的顶峰时期，佐治亚州通过了一项法案，承诺向新生儿的母亲发放一张古典音乐唱片。而佛罗里达州通过了一项法案，要求国家为日托机构提供日常播放古典音乐的资助。而商店也展示了适当的书籍和音乐唱片，使公众对这一现象的认识率达到了 80%。这一现象也在海外传播，成为世上最成功的都市传说之一。

不幸的是，我们不可能像表面上称基于科学研究的传说那样轻易地追寻大多数的都市传说。snopes.com 是都市传说爱好者的旗舰网站，它是网络上最全面的传奇、民间故事、神话、谣言和误导性信息的参考来源。你可以按类别浏览网站列表（不少于 43 个），或者直接跳到 25 个最热门的故事列表。例如，在犯罪类别中，你可以找到一个关于抽雪茄的人为几百支雪茄投保火险的故事。在抽完所有的雪茄之后，他以雪茄冒烟为由向保险公司提出索赔。保险公司拒绝付款，那人起诉了它。法官命令保险公司赔偿受保人，但当他收到这笔钱后，保险公司立即以纵火罪逮捕了他。据 snopes.com 报道，这个故事发生在 20 世纪 60 年代中期，被认为是毫无根据的。

该网站的勤奋编辑用数百个这样的传说来取悦网迷，分析它们的起源，并判断它们孰真孰假，或者讲述在许多情况下包含一条真理的故事。其中一个故事是关于一名来自加利福尼亚州的司机，他收到了装有一张超速罚单以及他超速驾驶被摄像头拍下的照片，还有一张要支付 40 美元的罚单（这是在 20 世纪 60 年代）的包裹。这位愤怒的司机将这封信连同两张 20 美元钞票的照片一起寄回了。一周后，他收到了警方的回复，当他打开信时，他发现了一副手铐的照片。TopTenz.net 网站上有十大神话和城市传说，因此赢得了很多粉丝。例如，声称如果你在晚上将一颗牙齿放入一杯可乐中，它将在早上化掉；还有城市下水道系统中的鳄鱼的恐怖故事，以及排名第一的有关偷肾的传说甚至被拍入电影。这个故事可能发生在 1997 年，当时一封信开始在网络上传播，警告市民有新的犯罪类型。大多数版本讲述的是一个旅行的商人，他在一家酒吧接受一个陌生人的提议，与对方进行了一次谈话，并一起喝酒。旅行商人的意识很快就模糊了，他在一个陌生的酒店房间里醒来，通常是在一个装满冰的浴缸里面。附近留下的一张纸条表明他可以打电话寻求紧急求助，急救人员到达时，发现他是一个网络诈骗的受害者，该网络的骗子吸毒并从他的身体中偷走了肾脏在黑市上出售。故事是编写的，因为一家美国卫生组织被询问过是否有因肾脏被盗而受伤的人，他们表示没有接到过一个这样的电话。

1981 年，扬·哈罗德·布鲁范德的著作《消失的便车客：美国都市传说及其意义》出版，引起了公众对都市传说现象的广泛认识。布鲁范德在他的书中指出，都市传说和民间故事并不是原始社会所独有的，通过对它们的分析，我们可以学到很多关于它们及其创造者文化的知识。都市传说的特点之一是缺乏具体的地点、时间、相关人物的名字和类似的识别信息。许多恐怖、犯罪、有毒食品或其他主题引起了不小的轰动。根据布鲁范德的说法，任何对这些故事感到威胁的人都会向他所关心的人发出警告，因此，这些故事就被人们广泛地传播开来。

就像神话一样，都市传说也广为流传，因为它们强化了公众先前持有的世界观，并有助于解释那些看似复杂而难以理解的事件。研究人员还意识到，都市传说有助于我们应对压抑的恐惧。一个关于一只从另一个国家走私过来的狗，结果发现是一只发育过度的老鼠的故事，反映了对非法移民的恐惧；一个关于一名男孩意外地吞下了一只蛇蛋的故事，反映了对引起胃部感染的物质的恐惧；还有一个关于新娘的故事，她在婚礼前几天发现新郎和她的妹妹发生了性关系后取消了婚礼，这反映出她对不忠的恐惧。通过这样的故事，我们得以对自己的恐惧有一定程度的控制，并警告别人不要做这类危险的事。

各种各样的社会心理学理论试图解释思想的传播方式，以及它们设法控制人们心灵的原因。大多数理论认为，思想的传播发挥了一种社会功能，即它们满足了个人或社会的真正需求。例如，将一项科学研究的结果用外行的术语表述，有助于帮助那些不精通阅读学术研究结果的人应对这类危险事件。谣言在人群中传播是普通民众对不确定性和焦虑所做出的反应，一项研究甚至在被试中找出了焦虑倾向和散布谣言倾向之间的相关性。与谣言有关的阴谋故事是基于这样一个观点：在重大的社会、政治或经济事件背后隐藏着一个不为人知的秘密计划。这项计划是由狡猾的元素组成的，这些元素对于达到恶魔般的目标是强大的和有影响力的。这些故事也以它们自己的方式解释了一个复杂的世界，并通过将它划分为黑暗和光明的力量，大大简化了它。

特别有趣的是将进化根源归因于这一现象的理论。1976 年，著名的进化生物学家和作家理查德・道金斯出版了他的书《自私的基因》。在这本书中，他首次提出了文化包袱，特别是思想，像基因或病毒一样，通过他称之为“模因”的信息单元传播的可能性。车轮的发明、结婚戒指或一些有趣的流言蜚语都是这种模因式的文化信息单元。要传播一个模因，它需要几个特征来赋予它的“黏性”。例如，一个陈旧的笑话没有“黏性”，它在第一个讲述者的嘴唇上死了，一次悲惨的死亡。有“黏性”的想法很简单，它们令人惊讶、具体、可信、故事化和情绪化。奇普·希思和丹·希思在2007年出版的一本名为《坚持下去：为什么有些想法可以延续，另一些会消失》的书中提出了这一区别。

奇普·希思和他的同事在2001年进行并发表的一项研究集中在一个可能性上，即模因的扩散涉及一个选择过程，这个过程主要受其唤起强烈情感反应的能力的影响，最好是被多人分享。一个模因所引起的情感反应越强烈，它被记住、被传承和赢得与其他模因竞争的机会就越大。都市传说是模因，奇普·希思和他的同事试图检验他们的理论。他们利用一个男人喝了一瓶软饮料的故事（他发现在饮料瓶底部有一只死老鼠），创造了三个不同的版本，只是在它们所引起的反感程度上有所不同。在“轻度排斥”版本中，男人在把瓶子放到唇边时注意到了老鼠尸体，而在“重度排斥”版本中，你直接收到照片。当研究人员试图确定哪些想法能够通过更多的途径传播时，他们发现被试更倾向于传播最令人反感的故事版本。他们进行了一项补充性的研究，比较了各种各样关于都市传说的网站，并统计了在那里发布的传说中出现的各种图案的相对频率。这里也证明，那些幸存下来的模因不一定是那些坚持真理的，而是那些能激发起强烈情感反应的。反感是这些故事中的一个主要主题，这反映在日本一个流行的都市传说中。

Aka Manto（日语中“红色斗篷”的意思）是一位时常出没于卫生间的幽灵，一般出现在女卫生间的最后一格。据说当不幸的受害者上厕所没有卫生纸的时候，便会传来一种神秘的声音，问她要红色的卫生纸还是蓝色的。如果她回答红色，她将在血腥暴力（红色）中被杀死。如果她回答蓝色，她的头会被扭断（脸也会跟着发青）。她回答任何其他颜色时幽灵都会立刻伸出手把她拖到地狱的火焰中。唯一拯救自己的方法就是什么都不要说。我想知道，这是否可能不只是一个恐怖故事，而是以都市传说的方式警告我们不要疯狂发展我们的消费者文化，告诉我们唯一正确的生存方式就是不要为自己要求任何东西？

维多利亚湖与阿尔伯特叔叔

有可能欺骗诚实的人吗?

“我的朋友，你和阿尔伯特·伯克有关系吗？他是去年大西洋坠机事件中与乘客一起坠落的飞行员。”图蒂·威斯库医生在电子邮件中问我。威斯库介绍自己是这个不幸飞行员的遗产执行人，他正在寻找他的继承人。到目前为止，他的努力都是徒劳的，如果我真的是阿尔伯特的亲人——从自己的利益角度考虑，我想——我能因作为已故飞行员的积蓄的唯一继承人而得到一笔横财以及成功的商业冒险机会。邮件中的附件是一份有关飞机失事的报纸报道的复印件，虽然在其中没有提及我失散已久的亲戚阿尔伯特。我不假思索地否定了这份财富。如果我有一个阿尔伯特叔叔，他也已经在大屠杀中被杀了。“很好的尝试，”我对自己说，“下次想个更好的主意。”

我的思绪落在肥沃的土地上，几天后，我又收到了一封电子邮件。这一次，尼日利亚中央银行的首席出纳本·吉菲（Ben Gifi）给了我4560万美元。他指出，由于我在政府项目上所做的工作，我在法律上有权得到这笔钱。不幸的是，由于银行的电脑出现了故障，这笔付款从未得到处理。我所需要做的就是发送个人信息，剩下的工作由国际银行结算系统完成。正如你所猜测的，这两封邮件都是一种全球性产业的一部分，被称为“尼日利亚骗局”或“419 骗局”。

这类骗局的基本结构是相似的。不认识发送者的接收者被告知有机会获得真正的财富——由于好运、接收者有名的诚信或无辜的错误。在另一个版本中，收件人被要求帮助已故统治者的继承人撤回在当地银行持有的资金，并承诺用大部分继承权作为回报。这些文字还有许多其他变体，仅受作者创作的限制。

最近几年最热门的骗局是被称为“西班牙囚犯”的尼日利亚骗局的更新版本。收件人收到通知说，亲戚或熟人在异国他乡遇到麻烦，因为他的钱包被盗或丢失，以致迫切需要现金。与其他电子邮件不同，此电子邮件是从熟人的电子邮件账户发送的，账户之前已被诈骗者攻击，从而增加了求助的真实性（在原始版本中，作者写的是在身份被错认的情况下被捕后要求保释金）。在一个更具创造性的骗局中，收件人收到“顾客”的支票，金额远远超过从收件人处购买的产品或服务的费用。根据这种“错误”，收件人被要求退还多余的金额。由于相对较长的国际支票清算程序，被骗的人有责任去支付部分款项，在他们发现“过度”支票是虚假的之前。一个非常普遍的互联网骗局是祝贺收件人中了彩票，尽管彩票获奖者甚至不记得购买了彩票。

那些对这样的诈骗信做出回应的人发现，在获得大奖之前，他们被要求采取各种步骤，包括向海外善良的合作伙伴转移资金。在每个阶段之后，他们只需要再支付一笔款项，但不是太多，以消除最终的法律波折。最终，即使是最容易上当受骗的人也会意识到他们成了诈骗的受害者，支付了诈骗者虚构的费用。

大多数人认为尼日利亚骗局只能诱骗少数未受过教育和不懂世故的人。然而，事实上，这些欺诈性的电子邮件诱骗了广泛的人群，其中许多人聪明、受过高等教育、消息灵通。受害者还包括企业高管、高级公务员和许多其他能干的人士。重要的问题是：他们为什么一开始就回应这个提议？

人类自进化之初就倾向于欺骗。在非洲的大草原上，人类已经发展了欺骗的能力，还发展了检测欺骗的能力。

在史前时代，当人类的原始工具只能生产出相对较少的食物时，把不相称的份额混淆的能力是非常重要的。而辨别那些试图欺骗系统的人的能力有时是至关重要的。如前所述，当我们说谎时，大脑会感觉不舒服，它在某些手势和肢体语言中显示出这种不适，但主要表现在口头表达上：说谎的人往往会描述许多细节，并避免使用第一人称和表达情感的词。

当我们看不见对话者或听不见他们的声音时，我们是否在辨别欺诈方面变得不那么有效？或者，这些骗子是否成功地通过唤起人们重要的需求来破坏欺诈检测的微妙机制？毕竟，大多数欺骗都存在可疑的迹象：电子邮件的地址不是个人的；承诺的报酬数字大到不合理，事实上，我们甚至不知道有谁曾获得过如此丰厚的回报。那么，发出这些诱人信息的人是如何成功地克服我们进化过程中的怀疑之心的呢？那些回应这些提议的人和那些甚至懒得去看它的人有什么区别呢？

在现代工作中，大量的官方通信似乎会削弱我们发现欺骗的原始本能。事实证明，比起口头交流，人们更倾向于相信他们收到的书面信息。这可以归因于官方机构和服务供应商向我们发送的大量书面信息，增强了人们对那些发送信件的人是正规机构的观念。此外，事实证明，我们所有人对权威的存在都很敏感。事实上，尼日利亚骗局背后的欺诈者往往采用拥有权威地位的律师、银行家和高级政府官员的身份。当邮件以普通邮件的形式发送时，信件通常印在官方信纸上，而信封上贴着各种所谓的权威标志，并显著地标明“官方邮件”。

一开始总是有一个要回应的电话，没有任何金钱的要求。接收者对最初的沟通做出回应，从而产生了对一致行动和对下一封信做出回应的承诺，下一封信已经包括了对金钱的请求。美国心理学家罗伯特·查尔蒂尼，《畅销书的影响：说服心理学》一书的作者，提供了一种行为解释。他指出，人们往往看重自己行为和他人行为的一致性。一致性给人一种控制感，培养人们理解世界甚至预见未来事件的信心。每一位投资者都熟悉这种趋势：为了保持一致性，愿意继续把更多的钱投入失败的投资。

对这些骗局的受害者的研究表明，他们中的许多人之所以回应这些信件，是因为他们高估了自己对信中所讨论的领域的理解，高估了自己识别欺骗和与对方抗争的能力。令人惊讶的是，在投资领域工作的人更容易成为这一领域欺诈的受害者。有些欺诈信息是故意用破碎的英语写的，目的是向收件人灌输一种虚假的优越感，并加强他们的过度自信。

这些诈骗的文字享受着获得意外财富的“白手起家”的神话原型所提供的顺风车。在大部分的文化中存在着这样的故事。然而，促使人们忽视这些警告标志的主要原因是贪婪和对轻松赚钱的希望，而对于它所要求的适度牺牲而言，则被巨额的回报所补偿。2009 年，英国公平交易办公室（Office of Fair Trading）受英国大量骗局的困扰，委托埃克塞特大学（University of Exeter）心理学学院的研究人员对这一课题进行了全面研究。研究人员探索方法的创新之处在于，他们假设对欺诈行为的反应不是异常现象，而是判断上的错误——这是我们在日常工作中做出的许多经济决策的特征。

这些错误是我们的大脑为了处理理性决策所需的相关信息而试图利用捷径的必然结果。这些基本的捷径让情绪动机渗透并影响决策的过程，包括贪婪、寻求刺激和有时缺乏自控力等冲动。写信人正是利用这些因素，以劝阻收件人寻找支持或反对他们即将做出的决定。

研究人员认为，认知和情感过程的结合是受害者对信件做出回应的基础。认知方回应了这种权威和官方基调的邀约。一方面，这可能将邀约视为一个长期的赌注，会带来合理的风险。另一方面，邀约的措辞针对的是情感系统，其中包括贪婪、快速满足和对刺激的需求。

研究人员向一组被试发送了 1 万封模拟信件，并检查了 8 种不同的措辞，以确定它们的相对有效性。在这部分研究中，最重要的发现是，无论措辞和其他因素如何，对答复可能性的最佳预测因素是被试是否对过去的类似信件给出了答复。有 10%~20% 的人倾向于回应这些信息，他们不一定是逊色的决策者，但他们肯定更容易被影响和说服。研究人员称，其中一些人在调节情绪和锻炼自律方面存在问题。这种困难在很大程度上是我们倾向于获得直接回报导致的，而这是导致判断失误的最常见的偏见之一。因此，社会孤立的人特别容易受到欺诈，因为社会关系鼓励自我控制。研究人员很惊讶地发现，许多诈骗案的受害者不愿意告诉别人他们收到的信息，好像担心别人会指出他们脑中已经识别出错误隐藏的部分。

互联网是“419 骗局”蓬勃发展的最终平台。互联网构建了被定义为“尼日利亚最大的出口产业”的商业模式的基础。这种模式不是基于高利润（受害者预付几千美元以支付“费用”），而是基于互联网提供免费通信的事实（顺带一提，对这些信件的答复率估计为1/2）。互联网技术在骗局成功中起到了额外的作用：研究表明，诈骗者与潜在受害者的距离确保了前者不会被突发的同理心所打动，而这种同理心阻碍了许多直接面对面欺骗的行为。

由于许多欺诈行为也建立在受害人是否愿意蒙骗当局或采用虚构继承人的假身份之上，因而产生的问题是：诈骗者和受骗者有相似的性格特征吗？大卫·莫雷尔是《大骗局：信心人的故事》的作者，这本书于1940年首次出版，当他注意到这一点时，他确信：“你不能欺骗诚实的人。”

我指责错人了

通往正义的道路上铺满了欺骗性的证据

1988 年 1 月，一名年轻女子下车时遭到袭击。袭击者持枪抢劫了她，强迫她脱下衣服并强奸了她。受害者在两组照片中确认了特洛伊·韦伯的那张照片，导致他在 1989 年被判强奸、绑架和抢劫的罪名。第一次指认他时，受害者指着韦伯的照片，说他看起来太老了。在第二组照片中，警方使用了韦伯四年前所拍的照片，以确认她对他的指认。

对精子痕迹进行的测试没有定论。

在整个审判过程中以及之后，韦伯继续辩护自己是的清白的。1996 年，当生物学证据最终获得时，DNA 的测试证明他不是袭击者。那一年，他被释放出狱，因为他是无辜的，弗吉尼亚州州长向他道歉。

《无辜者》是一本令人毛骨悚然的关于摄影和访谈的书，由美国摄影师泰伦·西蒙于 2003 年出版。这本书记录了 50 个人的肖像和故事，其中包括特洛伊·韦伯，他们都被判犯有严重罪行，并在监狱里待了多年，才被判无罪并获释。西蒙的作品是对不加掩饰的法律体系、司法疏忽和在某些情况下的真正腐败的一个可悲的评论。这本书中描述的前罪犯们在监狱里无缘无故地服刑 558 年，平均服刑时间超过了 10 年。其中有一些是被判死刑的人，而大多数人是没有犯罪前科的。

书中提到的大多数被错误定罪的人的命运是由一些没有专业性，甚至常常模糊不清的照片决定的——这些照片导致他们被警方仓促地定罪，基于那些急于结束案件的警察所推动的证人鉴定。西蒙试图重新判断相机的公正性，把那些被误判有罪的人带到他们从未去过的犯罪现场，在那里他们的命运被决定，他们的生活被永远改变。或者，把他们带到犯罪发生时他们实际所在的地方，或者他们被逮捕的地点。虽然采访反映了那些在监狱里浪费了大量生命的人的痛苦，但也揭示了摄影媒介在法律程序中作用的局限性——这种媒介的局限性以及有时会被误用。

可疑档案

有时警方会在犯罪现场收集到的新 DNA 数据结果，

而判决已下，导致近年来在美国有超过 340 名已判有罪男女被证实无罪。这些人被判犯有他们从未犯过的严重罪行。在大约 75% 的案件中，错误的定罪是由于一名关键证人在警方的照片或安排的列队辨认中错误地指认出嫌疑犯。但是，作为一名摄影师，西蒙是否会对嫌疑犯的一些劣质照片给予过多的重视，而完全忽视可能导致错误定罪的人类偏见的广泛存在？

《心理科学协会》的编辑埃里克·沃戈在 2011 年 12 月的杂志上提出了这个问题的答案。在一篇题为《从实验室到法庭》的文章中，沃戈讨论了这种偏见对司法系统的影响，以及行为科学家为减少偏见，恢复司法系统的荣誉所做的努力。

根据沃戈的说法，第一次使用心理特征来帮助缩小对罪犯的搜索范围，是 19 世纪末对开膛手杰克在伦敦大街上实施的恐怖行为的回应。在对其中一名受害者进行尸检后，警方病理学家托马斯·邦德得出结论，凶手是“一个安静、穿着考究、披着斗篷、性格极度孤僻的中年人，不懂得解剖，因而不是医生或屠夫”。

然而，鉴于维多利亚时代的伦敦流行时尚，这一描述并没有对抓获凶手提供多大帮助，而凶手的身份至今仍是个谜。警察调查员不得不再等一个世纪，才能发展出犯罪特征分析的实际能力。在20世纪80年代后期，英国哈德斯菲尔德大学的心理学家大卫·坎特为试图解决一系列谋杀案的调查人员提供了必要的帮助。凶手被称为“铁路强奸犯”，强奸然后勒死了独自等待晚班火车的年轻妇女。

沃戈引用坎特的话解释道：“大多数心理科学家都关注人的性格和个体差异，通过观察人的性格特征来预测他们在生活中将如何表现。刑事调查员的任务与此相反，而且相当艰巨：利用一个人所具有的行为的证据来构建他的个人特征。”利用坎特的“心理犯罪分析”方法，警方得以将搜索范围缩小到“一个20多岁的熟练或半熟练工人，周末工作，朋友很少；对武术、刀剑感兴趣；体形矮小，缺乏吸引力”。一名嫌疑人与此特征完全吻合，警方在他家发现犯罪证据后，他被定罪并被判了7次无期徒刑。

目击证人

档案在警方调查人员的工作中能起引导作用，但定罪几乎总是基于目击证人的证据。事实上，证人对判决的核心影响，从1974年到1999年，至少产生了2000项研究，旨在评估证人的可信度。在一项研究中，研究者在一所大学校园内对一名教员发动了袭击，有141名目击者目睹了这一事件。然而，他们对事件的描述在攻击者的外表、体重、衣着以及“攻击”本身等方面差异很大。

研究者对证人的描述进行了准确评分，在1至100分的范围内，他们的平均评分只有25分（最常见的错误是高估了攻击的持续时间）。在一个类似的阶段性实验中，抢劫犯抢走了一个钱包，52名目击者中只有7名在一组视频中正确地认出了袭击者。有10名证人没有指认队列中的任何人，35名证人指认了1名无辜的人——这是一个司法系统无法容忍的错误率。记忆和视觉感知能力是成为目击证人的关键，然而许多研究已经证明它们在压力条件下的局限性，事实上，几乎在所有条件下它们都存在局限。

来自加利福尼亚大学的心理学家伊丽莎白·洛夫图斯经常在刑事诉讼中作为专家证人出现。在法庭上，她向陪审员解释了她科学工作的成果，其中包括引导性问题对记忆扭曲的影响。在她的一项早期研究中，她向一组被试展示了一段车祸的视频片段。然后，一些被试被问：“当汽车撞到墙上时，它们行驶的速度有多快？”他们估计平均时速为 40.5 英里。其他被试也被问同样的问题，用一种“温和”的方式说：“汽车撞到墙上时行驶的速度有多快？”他们估计只有每小时 34 英里。在另一项研究中，洛夫图斯发现，在犯罪现场出现的武器降低了目击证人描述的准确性，目击证人的大脑因被武器威胁而分散了注意力。

2014 年进行的研究表明，我们多倾向于相信“犯罪记忆”。茱莉亚·肖和斯蒂芬·波特雷在一系列对学生的采访中运用了一种“植入记忆”的技巧，包括对真实和虚构的童年事件的描述，在这些事件中，他们犯有盗窃或攻击罪。最后，大多数学生（70%）详细描述了从未发生过的犯罪事件，包括他们与警方的遭遇。

我们习惯在电影中看到警方安排的列队辨认是调查过程中的一个核心手段。然而，许多学者已经证明了这种方法在鉴定上的脆弱性，特别是由于假定罪犯是犯罪嫌疑人的逻辑缺陷。这一假设不一定是正确的，因为这些人可能是无辜的。当目击者看着列队而不能立即确定并指认出其中一个嫌疑人时，由于他们觉得有必要指出其中一个，因而开始了将嫌疑人与自己难以解释的记忆相匹配的过程。

沃戈认为，在这个阶段，即使是正在调查此案的侦探发出的无意识信号，也能引导证人指向某个特定的嫌疑人，确定他们是通过记忆而做出选择。事实证明，如果列队辨认中的每个人都是单独出现的——一次一人，证人就能更准确地指认出嫌疑人（从一系列照片中选择嫌疑人时也是如此）。如果没有能力对嫌疑人进行比较，证人就不那么有必要选择其中的一个。当指导列队辨认的人不太熟悉调查文件时，证人选择的准确性也会提高。

认罪

错误的鉴定是监禁无辜者的主要原因，而错误的供述是第二个最常见的原因。索尔·卡辛和他的同事研究发现，后来被 DNA 证据推翻的虚假定罪中，有 15%~20% 是基于虚假供词。嫌疑犯可能会因为各种奇怪的原因而这样做，如为了保护真正的罪犯，甚至是为了获得恶名。然而，沃戈解释说，主要原因在于传统的审讯方法，即假定嫌疑人有罪。

在这种审讯方法中，为了增加嫌疑人的焦虑把他们隔离起来，然后向他们展示证据（有时是伪造的），将他们与罪行联系起来。如果嫌疑人继续否认有罪和坚持自己的清白的话，他们将受到可怕的警告。在这一阶段，审讯者有时会“软化”，为了赢得嫌疑人的信任，而承认受害者得到了他应得的，或提出另一个理由来证明犯罪的正当性。这是为了让嫌疑人认罪，同时又能保住面子的方法。

沃戈总结说：“无辜的嫌疑犯最终可能会承认自己犯了罪以从紧张的局势中解脱出来，甚至在某些情况下，因为向他们提供的‘证据’使他们开始怀疑自己的清白……一些嫌疑犯，如智障人士，尤其容易受到伤害。”

毫无疑问，在审讯过程中，能够准确地发现谎言将是非常有帮助的。心率变化、出汗增多、血压波动和皮肤电反应被称为虚假信号，但真相讲述者在审问时也容易受到压力，因此这些信号不构成确凿的证据。任何有经验的调查员都能证实说谎者是健谈的，并在说话时避免使用表达情感的词语和第一人称。如果每个故事都有开头、中间和结尾，那么说谎者就会直接跳到中间。推诿者则在身体动作（坐立不安或耸肩）、语调和说话速度上容易发生细微变化。唾液的实验室测试也发现说谎者的皮质醇浓度会增加，皮质醇是一种与情绪压力有关的激素。但所有这些迹象都不足以明确地判定嫌疑人有罪，特别是如果他们身边有一位经验丰富的律师的话。

一个识别说谎者的有效方法就是研究人员所说的“认知负荷”。潜在的假设是，说谎者的认知能力由于大量的心理资源的转移而减弱，这些资源被用来跟踪真相和他们所说虚假故事之间的差异。这些转移的资源是必要的，以防止人流露出的迹象和避免故事的不一致性。研究人员认为，在审讯过程中增加一项认知任务会使嫌疑人更难承受，并可能导致谎言之塔的崩塌，使嫌疑人供认实情。

其中一个技巧是让嫌疑人倒叙他的故事。这对说真话的人来说相对容易，但说谎者对他们编造的事件没有内在的记忆，这个要求给他们造成了真正的认知超载。在另一种技术中，研究人员要求嫌疑人对他们的故事中描述的场景进行非常详细的描述，甚至要求他们画出来。在这个环节中，说谎者能提供的细节很少。

专家意见

《制造杀人犯》是有史以来极成功的系列纪录片之一。该系列描述了对史蒂芬·艾弗的谋杀案审判，以及决定他命运的人类弱点——特别是警察、检察官、法官和陪审员的过度自信。

这一系列案件中的辩护律师声称，警方植入了证据（钥匙和血液），以确保定罪，法医调查人员也促成了他们的人性偏见，操纵他们的调查结果，以符合他们全心全意相信的控方版本。

伦敦大学学院的认知心理学家艾提尔·德罗将他的研究重点放在法医学家身上。在一次实验中，他向五位专家展示了一系列指纹，他们被告知这些指纹来自一名被错误地指控参与了马德里恐怖袭击的美国律师布兰登·梅菲尔德。指纹专家被要求评估美国联邦调查局（FBI）分析的准确性，而美国联邦调查局在分析中发现梅菲尔德的指纹与案发现场收集的指纹不符。

但德罗误导了专家。他们每个人都在自己调查的事件中得到了嫌疑人的指纹，在这些事件中，他们发现嫌疑人的指纹与案发现场采集的指纹相吻合。在听说梅菲尔德被无罪释放后，五名专家中的四名（他们确信自己正在检查梅菲尔德的指纹）得出的结论是，没有足够的相似性来确定指纹与在案发现场收集的指纹一致。

另一项研究中，在德罗告诉指纹专家嫌疑人已经认罪后，2/3 的人改变了他们之前的评估。在另一个有趣的项目中，布兰登·加勒特记录了150多项错误的定罪，并发现在法医专家代表控方作证的案件中，61%的案件的分析无效。大多数病例从一开始就不太可靠，比如头发样本，但至今已有17%的病例涉及DNA样本。

法院系统以及整个社会是否应继续受到如此巨大的错误的困扰，而这些错误本应在脆弱的进程中带来公正。

如果我们回去问埃里克·沃戈，我们会发现他相信答案在脑科学家那里。他们今天已经知道，不同类型的谎言会触发大脑中不同的区域——与自发的谎言不同的是，那些经过计划和排练的谎言会激活大脑中与记忆相关的区域。反应时间也可能是虚假的迹象——与视觉刺激相关的谎言激活大脑相关区域的速度比事实快200毫秒。到目前为止，美国法院已经驳回了基于脑成像的证据，但可能很快，脑成像设备就将决定谁在事实上撒谎，以及那些在刑事案件中提出暂时性精神错乱辩护的人的可信度。

第三章

一切有序

生命清单

待办事项清单的神奇力量

一个待办事项清单能从哪些方面告诉我们列清单的人是什么样的？很多方面。许多人将自己的宏大梦想分解为一系列细小的任务。如果你的待办事项清单被遗忘在你的衬衫口袋里，已经被送去洗衣店了，你会发现待办事项清单对你的身份有多重要。

我们的待办事项清单就像是个人祈祷的世俗版本，我们告诉世界和我们自己想要什么，按照哪个顺序。待办事项清单没有叙事线。整理一个袜子抽屉，写一本诗集，都可能出现在这样的清单上。正如许多清单制作者所知道的，把任务写在纸上的行为对他们实际完成任务的概率有着神奇的影响——即使长时间盯着它们看有时也是获得这种神奇效果的先决条件。我们在通过窥视别人的药箱或手机通信录来满足自己的好奇心后，都会感到内疚。阅读别人的待办事项清单也有类似的后果。它们揭示了作者的秘密，即作者的真实身份与他试图呈现的更精致版本之间的区别。阅读别人的待办事项清单是一种低预算的窥视行为，就像真人秀一样。我们都会不时地怀疑自己是否正常，阅读别人面临的任务列表可以让自己平静，因为发现其他人的生活也充满了挑战。

任务清单的准备分数个阶段。初步的阶段充满希望和微妙的情绪，我们直面空白页面并进行处理。在这一点上，即使清单还没有完全形成，思考未来的任务也会让我们产生一种自豪的目的感。接下来是一个令人愉快的阶段，它将话题引到了我们的脑海中，同时也带来了一种温和的愉悦感，让我们想到了所有的可能性。

最后阶段是为了得到真正的满足感而去制定严格的时间表来完成所有任务，但其中大部分都是无法完成的。如果一个人接受美国艺术家查尔斯·格林·肖的话，这就不难理解了："真正的幸福不在于我们实际完成了什么，而在于我们认为自己完成了什么。"

但我们也要承认：在任务完成后把它从清单上划掉确实有一种令人振奋的效果，这是很纯粹的兴奋。心理学家说，强迫性的清单编制者正试图创造对自己生活的控制感，如果没有清单的存在，生活将被视为过于混乱。

这些人会有一种无意识的恐惧，如果他们不继续制定清单，他们的世界将失去控制。当你列出清单时，即使是一个需要大量工作的任务，你也能更容易看到哪些任务更重要。当任务缩小为一页上的一行时，它会突然变得更可行。在美国进行的一项调查发现，42% 的人会列这样的清单。然而，问题仍然存在：它们是令我们更有系统地工作，还是只会助长拖延症？

如果你真的停下来看看你的清单，你会发现我们生活在一个由清单组成的世界里：从人类文明最伟大的文化资产，如圣典，一直到平凡的事物，如购物清单或收拾旅行包的想法，以及餐馆菜单、遗嘱、谷歌搜索结果、“十佳”名单，甚至埃及十大瘟疫。

艾柯的清单

两年前，意大利作家翁贝托·艾柯（《玫瑰之名》的作者）在巴黎的卢浮宫策划了一个完全由清单组成的展览。“无尽的清单”构成了文学、音乐等艺术的世界，灵感来自数字对生态系统的影响，以及作家在世界上最著名的博物馆内进行的详尽研究的启发。

在接受德国《明镜》周刊采访时，艾柯解释说，文化源于人类无限的求知需求。他说，我们使用清单、目录、博物馆藏品、词典和百科全书来试图掌握那些不可理解的东西。艾柯说，在每个清单的背后都存在着难以找到对某事的精确表达的问题。如果被问到，他可能会逐一列举那些在大屠杀或战争中丧生者的名字，这是一种试图将难以想象的事物固守在可想象的范围之内的行为。

艾柯说，荷马是整个展览的灵感来源。在《伊利亚特》中，当这位古代史诗诗人试图描绘希腊军队的庞大规模时，他首先引用了森林大火的形象，并将其比作战斗机的闪光。当这幅图像不能让荷马满意地表达出这一场面的壮观时，他通过一个很长的指挥官清单，用他们的背景以及他们投入战舰的数量来超越描述性表达的局限。该清单有350行。

清单代表着高度先进的文明，因为它们使我们能够研究可用于描述我们世界的基本定义。艾柯断言，文化史上有很多清单：关于圣人、军队或药用植物以及宝藏或书籍。展览的一部分被戏称为“Mille e Tre”（1003个），这个数字是传奇人物唐璜想在西班牙诱骗的女性清单上的人数。艾柯认为，我们被清单吸引源于我们对生命有限性的认识。这会让我们爱上那些我们觉得没有极限或终点的东西，从而使我们从死亡的必然性中分心。他还说：“我们喜欢清单，是因为不想死。”

由艾柯策划的展览并不是这一主题的唯一一个展览。在这之后，华盛顿（史密森学会）举办了一场展览，通过他们保存的名单，展示了世界上一些最著名的艺术家有强迫症和控制欲的一面。这是关于想法、指示、抱负、传记细节、绘画、任务、颜色的清单。其中一张有毕加索笔迹的清单提到了 1913 年的军械展，这是美国第一个国际现代艺术展。从清单上可见毕加索是不知道如何正确拼写他那个时代最伟大的艺术家之一的名字的：马塞尔·杜尚。另一个清单由伟大的芬兰建筑设计师埃罗·沙里宁于 1961 年所写，列出了奥斯陆一个主要建筑项目的任务。在它被列入清单的一周后，他被诊断出患有脑瘤，几天后就去世了，这提醒我们，没有人能够完成清单上的所有任务。

互联网是实现列清单欲望的终极工具。在互联网上，我们可以找到的清单工具非常全面。互联网正在改变我们消费信息的方式。每页的字数越来越少，图片越来越多——当然，清单也越来越多。在许多清单网站上，你还可以影响相关项目的排名。

网络奇迹

创建和管理清单的工具很多是免费的。其中之一就来自 Listproducer.com，它旨在激励潜在的清单制作者，帮助他们提高效率和组织性。该网站于 2011 年 4 月由艾美奖得主、福克斯新闻制片人宝拉·里佐推出，她说自己的成就归功于自己列清单的冲动。她确信，列出利弊的清单可以决定一段关系的命运。

Listography.com 帮助用户创建清单并与他人共享，它提供了一个为清单提供可能主题的应用程序。该网站的创始人丽萨·诺拉说，当她决定要在她母亲患癌症去世前在网上发布她为母亲写的清单时，她就想到了这个主意。她说，她发表个人清单是为了与他人分享她的痛苦，让阅读清单的人感到安慰。社交网站的出现使我们对自己认识（或认为自己认识）的人的日常行为感兴趣，我们觉得他们也对我们感兴趣。清单网站和类似的网站都是由自恋带来的，自恋已经成为我们这个世纪的伟大引擎。若不被他人知道的话，我们的生活看来便没有意义了，因此我们到 Facebook 上随意上传有关自己的事情。

第一份畅销书排行榜于1895年在美国的杂志上发表，从那时起，我们对排行榜的渴望就一直没有结束：罗纳德·里根的20句最重要的名言、15个最奇怪的巧合、女性用来逃避性生活的10个最常见的借口、我必须买的8件最贵的物品、结束关系的5个最常见的原因，以及观察金银花的3种方法。

整个服务器都支持列出前100、前50或仅前10项内容，这些内容在你离开这个世界之前你必须看到、阅读或做——比如和海豚一起游泳、留胡须一个月、写一份遗嘱（有多合乎逻辑）、骑一头比马大的动物、参加奥运会、与一个真正改变了国家命运的人握手，或者从濒临灭绝的物种中拍摄照片（除了你可以永远保存照片外，这也会提醒你生命的脆弱性）。基本上，所有这些经历都需要进行某种真正的体力劳动，进入未知领域的尝试，以及与罕见的生物的相遇，这些都迫使我们去克服隐藏的恐惧。一个特别诱人的想法是“让你自己成为敌人”——以一种粗俗的方式，暗示你对某个特定主题表现出如此多的投入，以至于最终会引起某人的反感。但最令人惊讶的是所有在线清单的相似性。好像我们所有的梦想和愿望都是由同一个工厂设计的。

在 Ranker.com 上，你可以找到成千上万的清单，其中最受欢迎的是人名和电影清单。该网站拥有 3325 份名人清单，136 份死亡清单（如名人自杀前的遗言）和不少于 16 份的吸血鬼清单（如 5 个屈服于吸血鬼并希望成为吸血鬼的理由。成为吸血鬼的主要好处是永生，主要缺点是你必须放弃垃圾食品，喝下鲜血）。在一个我们周围的各种事物都可以被定量测量并被排序的世界里，我们已经被奴役于列出事物的排序：如果不能把一类事物按某种顺序排列，它就不用存在了。但似乎这种对世界脉搏的不断测量让一些重要的事实难以捉摸。或者是因为我们不想面对这些事实，所以我们忙于按一定顺序列出所有的事情？

值得注意的清单

Listsofnote.com 提供爱迪生、希区柯克、亨利·米勒和马克·吐温等著名人物的清单。其中一个揭示了导演斯坦利·库布里克对可能的电影标题的想法："寻找剧本的电影标题"。这里列出的标题之一"如果元首知道的话"，是来自 20 世纪 30 年代德国的一个常见表达。每当有人犯错或出了什么问题时，据说人们就会使用这个表达。马克·吐温的清单是为了帮助一个想拯救一所着火房子的房客的绅士，但又不确定应该按照什么顺序来拯救，谁应该先得到帮助。该清单按重要性列出26项。排在榜首的是未婚妻，其次是其他女士，尽管他没有告诉她们这一点，但救援者对她们怀有某种感情。排在名单最后的是消防员、家具和岳母。

在Listsofnote.com网站上，你还可以找到托马斯·爱迪生和其他人为一项发明提出的几十个名字，这项发明后来被称为留声机，一种可以记录声音并回放声音的设备。其中的建议包括：宇宙电话、旋律图和计时电话。该网站上阅读量最多的是1933年的一个清单，取自作家斯科特·菲茨杰拉德写给他11岁女儿斯科蒂的信。他列出了需要担心的事情（勇气、清洁、效率、马术），不需要担心的事情（流行观点、洋娃娃、过去、未来、胜利、蚊子、父母、男孩、失望和快乐），以及需要思考的事情（我人生的真正目标是什么）。

1927年，美国电影制片人和发行商协会公开发表了一份在未来电影中应绝对避免的11个主题的清单（如分娩场景、对神职人员的蔑视、跨种族的性行为）。它还列出了 25 个需要谨慎描绘的对象（如使用国旗、手术和同情罪犯）。1838 年 7 月，也就是与表妹艾玛·威奇伍德结婚前 6 个月，查尔斯·达尔文列出了婚姻的利弊。这对夫妇最终胜出，在 1882 年达尔文去世之前一直维持着婚姻关系。结婚的原因有哪些？有了孩子（"如果上帝愿意"），一个不变的伴侣，一个照顾家庭的人，享受音乐和谈话的魅力，尽管这样会浪费时间。达尔文很难想象自己一个人过着孤独的生活，像一只工蜂那样劳苦地工作。不结婚的原因包括：失去了去自己喜欢的地方的自由，不得不放弃在俱乐部与聪明人的谈话，需要探望亲戚，失去了时间和晚上读书的机会，以及会影响自己买书能力的开支。

诗歌界也注意到了清单的作用，这反映在一首由维斯瓦娃·辛波丝卡所创作的一段美妙诗歌中：

一个清单

我已经提出了一系列问题，
我不再期待答案，
既然对他们来说太早了，
或者我没有时间去理解。

问题清单很长，

并且处理大大小小的事情，

但我不想打扰你，

只会泄露一些。

前景：暗淡

人类倾向于记住坏消息、愤怒的面孔和悲伤的回忆。这种消极性偏见是有用的还是需要克服的？

有一个好消息和一个坏消息，你想先听哪一个？如果你想先听坏消息，那你和大部分人的选择一致。这是为什么？

坏事对我们的影响比好事更大。我们对坏事的记忆更鲜活，而它们相对来讲也更能塑造我们的生活。离别、事故、父母照料不当、财务上的损失甚至一句不经意的负面评论，都会霸占我们的精神空间，压抑那些令人欣喜的正面体验，使我们难以笑对漫漫人生路上的种种挑战。与之对应的是——人类的适应能力极强，涨工资带来的喜悦持续不到一个月，便会催生更高的薪酬期望。我们就此感受到了痛苦，它似乎从来不曾离开过我们。

在全球范围内有大量科学研究证实了我们的消极性偏见：好日子不会持续到第二天，坏日子一来就没完。相较正面信息而言，我们处理负面信息的能力要快速而彻底得多，这些信息对我们的影响也更加持久。在社会生活中，相较于建构正面评价，我们会花费更大的精力来避免负面评价。在情感方面，相较于品味美好一刻，我们会消耗更多的时间来化解负面情绪。悲观者对自己健康状况的了解，或许比乐观主义者更准确。在我们当前所处的时代，负面评价显得尤为突出，更为真实。哪怕一个只有 6 个月大的婴儿也能不费吹灰之力就在人群中辨识出一张愤怒的脸孔，但要他们找出一张高兴的脸孔则要困难许多。事实上，哪怕人群中有再多笑脸，我们也会在第一时间把自己的目光聚焦在怒容之上。

加州大学伯克利分校高级研究员、神经心理学家里克·汉森指出，协助我们辨识面部表情的器官位于大脑区域中的杏仁核部分，我们的本性在此表露无遗：杏仁核中 2/3 的神经元是专为负面消息而配备的，以便令我们及时对其做出回应，并将之存放于长时记忆中。这一机制正是我们的“战斗还是逃跑”这一应激反应的根据所在——它是一种快速运用记忆来分析威胁的求生本能。比较之下，好消息则要整整 12 秒钟才能从瞬时记忆转换为长时记忆。我们的祖先只要看到一条类似于蛇的棍状物体便会迅速逃离，断然不会仔细察看一番再做决定，在这一点上，他们比我们要敏锐得多。

我们的“负能量癖”也反映在口头语言中。英语中含有负面意思的词汇约占2/3，具体到用以描述人的词汇时，这一比例更是飙升到了惊人的74%。这种现象并非英语的专利。除荷兰语之外，其他语言大部分都有负面倾向。

我们是如此“适应”负面性，以至于做梦都会想到它。美国心理学家加尔文·霍尔40余年来研究了各种各样的梦境，发现其中最常见的情绪是不安，负面感受（如尴尬场面、错过航班或是面临暴力威胁）也比正面感受要频繁得多。1988年的一项研究表明：在发达国家居民中，美国男性的梦最有侵略性，占比50%；比例最低的做侵略性梦的男性群体是荷兰男性，为32%——这是一个多么有趣的正能量民族啊。

另一位研究人类负面倾向的先驱是来自普林斯顿大学的著名心理学家丹尼尔·卡尼曼。1983年，卡尼曼提出了“损失厌恶”这一术语来描述其研究发现：我们痛惜损失多于享受利好。损失金钱后的失落感总是要大于得到额外金钱的幸福感。

心理学家罗伊·鲍迈斯特现执教于佛罗里达州立大学，他进一步发展了卡尼曼提出的观点。“自古以来的文学作品与宗教思想，大多诉诸善恶两股力量相斗的相关词汇来刻画人类生活，”他在2001年写道，“在形而上学的层面上，代表着恶的神灵或恶魔乃是创造出的和谐神圣力量的对立面。在个人层面，诱惑与毁灭性的冲动则与美德、利他倾向以及追求成就的努力交战不休。‘好’和‘坏’差不多是小孩子学到的第一组字词和概念（甚至家养的宠物也受此影响）。”在研究了海量的文献资料后，鲍迈斯特及其研究团队得出结论：卡尼曼的发现几乎可以扩展到日常生活的每一个领域——爱情、工作、家庭、学习、社交等等。“坏比好要有力得多。”他们在那篇影响深远、曾使其一举成名的论文中如此宣称。

紧跟鲍迈斯特的研究，来自宾夕法尼亚大学的心理学家保罗·卢辛和爱德华·鲁伊兹曼在2001年发表的论文中随即又提出了“负面性偏见”这个概念，他们认为负面事件是极具感染力的。研究人员举了一个与蟑螂短暂接触的例子：将一小撮蟑螂混入你最爱吃的食物里，通常会使人对美食弃之不顾，相反，请联想一些你不怎么爱吃的食物：利马豆、鱼或别的什么。你会通过掺点什么来让它更合胃口吗？或者说，有什么东西能用来抵消你的厌恶感吗？答案是不会和没有！两位学者就此指出，一丁点儿负面因素就能让人们完全不去关心整个事物的本质是好是坏了。

在各种认知性偏见中，消极性偏见对我们日常生活的影响可能最为显著。不过时代已经变了，我们已经不再是这样的人：游荡于茫茫草原上，直面大自然的风吹雨打，安于一种颠沛流离的生活。在人类进化历程中保护了我们多年的本能，如今反倒容易拖后腿——它威胁着我们的亲密关系，使团队合作变得不再稳定。

华盛顿大学的心理学家约翰·戈特曼专攻婚姻稳定性问题，他的研究表明了人性黑暗面的极端破坏性。1992年，戈特曼提出了一个号称准确率达到90%以上的离婚率预测公式，新婚夫妇只需花15分钟做个问卷即可得知结果。他花费大量时间统计了夫妇间交换意见时正面及负面表达各自所占的比例，将动作与肢体语言也一并列入计算范围。戈特曼最后得出的结论是：一对夫妇维持关系所需要的“黄金比例”是5比1，这意味着我们需要5次正面表达来平衡1次负面表达。因此，如果你刚刚因家庭琐事对配偶唠叨了一阵子，请赶紧再表扬人家5次。

离婚夫妇的负面与正面评价比为 4 比 3。关系极为和谐的夫妇在这个比例上能够达到 20 比 1——这对亲密关系而言无疑是个福音，但对在外面打拼时极需诚恳协助的伙伴而言，一味表扬也未必会有好效果。

其他一些学者将这些发现应用到了商业活动中。譬如，智利心理学家玛西亚尔·洛萨达研究了某家信息处理公司的 60 支管理团队。在最高效的团队中，成员被表扬及批评的比例为 6 比 1。在特别低效的团队中，这个比例则降为 1 比 3。

洛萨达的“临界点积极性比率”是由北卡罗来纳大学教堂山分校的心理学家芭芭拉·弗雷德里克森设计的，以复杂的数学为基础，旨在提供 3 比 1 到 6 比 1 的完美公式。换言之，研究人员说，一次批评后最好以 3 到 6 次表扬来平衡，便能增加雇员的满意度，提升爱情质量，或是在其他方面促进日常生活幸福。这篇题为《积极影响和人类繁荣的复杂动力学》的论文于 2005 年发表在受人尊敬的《美国心理学家》上。

实现临界点比率很快就成为积极心理学开发工具的一个主要部分。积极心理学是最近心理学的一个分支学科，致力于增加积极措施，如幸福和恢复力，而不是像心理障碍一样对待消极的因素。然而，所谓的黄金比例也遭到了一些反驳，东伦敦大学的心理学硕士尼古拉斯·布朗就认为，这方面的数学论证完全是一派胡言。他找到了纽约大学与伦敦大学的数学教授阿兰·苏卡尔，两人合作推翻了一篇2013年的论文《正面思考的复杂动力学：再论批判的积极性比例》当中所提出的公式。自那以后，弗雷德里克森和洛萨达的论文被部分撤回——而前者完全拒绝承担责任。

归根结底，能够根除我们心灵中的负面性偏见的有效措施可能根本不存在。既然赞赏、肯定或是各类神奇的"公式"等都没法令我们从负面性偏见中自拔，那么我们似乎应该转而去拥抱它的积极一面——更具体地讲，即洞察现实、调整行动方案并寻求生存的能力。

事实上，有研究表明，情绪低落的人虽然更加沮丧，但他们也更明智，正如塞缪尔·泰勒·柯勒律治的名言："低落的现实主义令陷入绝望的人们能够更准确地感知现实，尤其能够恰当地估计自身在世界上的位置及对于各种事态的影响能力。"

当涉及解决世界舞台上的冲突时，消极偏见必须是其中的一部分。国际争端需要现实主义，无法通过积极的思维来解决。最后，我们需要两种观点来帮助我们共享资源、谈判与和谐相处。政治学家约翰·希宾领导的一个研究小组于今年6月发表在《行为与大脑科学》杂志上的一篇文章指出，保守派和自由派之间的差异部分可以通过他们对环境中消极因素的心理和生理反应来解释。他们说，与自由主义者相比，“保守派倾向于对负面刺激做出更大的生理反应，同时也会为它们投入更多的心理资源”。这可能解释了为什么传统和稳定的支持者经常与改革的支持者对立，以及为什么两者之间的拉锯战——中间立场——往往是我们最终的结果。

2013年11月，为纪念国际人权日，丹尼尔·卡尼曼用希伯来语对新成立的以色列基金会进行了一次采访。在采访中，他谈到了消极偏见可能对巴以和谈产生的影响。他声称，这种偏见鼓励了强硬的观点（通常强调风险或实时损失）而不是主和的提议（强调未来利益的机会）。他认为，最优秀的领导人将提供一个愿景，即“未来的收益”足以补偿破坏和平所带来的风险——然而，如果没有一个神奇的公式，关系的两边都是消极的。

冰冷的手还是温暖的心

对形成我们对他人看法的因素进行排名

我们如何对我们不认识的人形成看法？如果我们幸运的话，这个人说的话会提供一个暂定的起点。否则，此人的面部特征、肢体语言和我们的偏见将结合起来，帮助我们快速形成一个印象。心理学家在 20 世纪 40 年代早期开始提出的一个问题是，一个人所造成的印象是不是几种人格特征的函数，或者是否可以追溯到一个影响我们印象的显著特征。

所罗门·阿希是社会心理学的先驱之一，于 1946 年进行了一系列经典实验，试图找出人们对他人形成观点的方式。在一项实验中，阿希向两组参与者展示了性格特征列表。第一组得到的个人特征列表是：聪明、技巧、勤奋、热情、坚定、务实和谨慎。第二组得到了相同的列表，只有一点不同——此人被描述为“冷”而不是“温暖”。参与者要求根据特征列表写出他们对此人的总体印象的简述。

阿希发现，切换“温暖”和“冷”这两个词对参与者产生了决定性的影响。第一组表达了对这个人更积极的印象。

阿希还向参与者展示了包括其他相反特征的列表，例如可靠 / 不可靠和稳定 / 不稳定，并试图评估它们对印象形成的影响。他发现许多其他特征的重要性在伴随着“温暖”或“冷”的词语时突然发生了变化。参与者将那些具有“温暖”个性的人描述为慷慨、快乐、富有想象力、幽默甚至好看的。虽然“温暖”和“冷”具有戏剧性的影响，但其他一对相反的特征，例如“礼貌”和“钝”，则对印象形成没有影响。

在另一项40年后进行的著名研究中，一位客座讲师出现在240名学生面前，学生们提前收到了详细的简报。在讲座前分发的信息页面中，客座讲师被描述给半数学生是“温暖”的人，另一半被告知他是一个“冷”的人。课后，研究者向学生们询问他们对讲师的看法。第一组描述讲师更有效率、更愉快和友好、更少烦躁、更幽默、更不正式，并且与第二组提供的描述相比，通常更人性化。毋庸置疑，所有参与者都参加了同一个讲座。早期的研究已经发现，由被描述为“温暖”的人组织的讨论中，学生的参与度（56%）比“冷”的人组织的讨论参与度高。

自阿希时代以来，许多行为科学家继续试图破译人类对于我们如何形成对他人看法的神秘感，或许更重要的是，他人如何决定他们对我们的看法。一项里程碑式的研究发现，形成我们对他人的看法的两个主要因素是温暖和能力。如果我们在评估他人时关注这两个维度，那么我们会对那些热情和称职的人感到钦佩；我们可怜那些温暖而无能的人；我们羡慕那些冷酷而有能力的人；我们对冷酷无能的人感到蔑视。

杰弗里·古德温和他的宾夕法尼亚大学同事在《人格与社会心理学杂志》（2014 年 1 月）上发表的一篇文章中重新审视了印象形成的问题，并认为对道德品质的感知是主要因素，比对温暖的感知有更大的影响。在他们的一项研究中，研究人员在实验室外观察了现实世界：他们检查了讣告，以了解报纸编辑是如何悼念逝者的，以及讣告中所包含的信息如何影响那些不认识死者的读者的意见。至少有 1289 人参与了这次实验。他们被要求阅读并回应《纽约时报》在 2009 年至 2012 年间发表的 250 篇讣告，它们在一个特别章节中悼念著名人物或对社会做出杰出贡献的人。不知是由于社会歧视还是其他原因，

250 名杰出人士中有 193 名男性，女性只有 57 名。这份名单具有广泛的种族和民族多样性，因为只有那些在一生中获得了一定程度的国家或国际认可的人才被列在讣告名单上。

研究人员之所以选择特别的讣告，是因为它的内容相对丰富，包括对死者性格的广泛描述（与完成任务式的死亡通知相比）。250 位著名人物的讣告中经常引用他们的社会生活表现、成就、爱好以及朋友和家人的名言等。平均来说，每一篇讣告包含大约 1500 个单词（比你现在读的章节长 20% 还多）。

他们聘请了两名研究助理对讣告中的信息进行编码，但没有得到关于研究目标的信息。他们读了每一篇讣告，并以 1 到 9 的分数评估讣告中所描述的人的能力、道德、人格和社会热情度，也给出了他们对死者的总体印象。

在实验的下一阶段，每个参与者都有三篇讣告要读。每篇讣告平均有 16 名参与者阅读。

计算机利用先进的统计工具接管了分析中的各种相关性的工作。研究结果证实了这样一个假设：讣告主要强调与死者道德品质有关的维度，而不是他们的热情和社交能力。然而，更重要的是，讣告留给参与者的总体印象与其中所描述的道德品质之间的相关性要高于这一总体印象与杰出人物所具有的社会热情之间的相关性。

谨慎行事的研究人员再次对这些数据进行了分析，结果仍然是一样的，与阿希的从众实验结果和其他人的调查结果不同——至少在我们如何形成对不再与我们在一起的人的看法方面，讣告的作者不仅更注重描述道德品质的信息，也更重视描述死者的热情和社交能力，而读者对死者的总体看法主要是基于他们的道德品质，而不是他们一生中表现出来的温暖的个性。

那么，实际上，我们如何形成对他人的看法以及他们如何形成对我们的看法？也许这两个观点都是正确的：一方面，当我们面对面地遇到某人时，温暖是印象形成的决定性因素。另一方面，当我们在报纸上看到关于某人的报道时，这个人的道德品质是最显著的决定因素。

我见过快乐的保守派

区分自由派和保守派的心理动力是什么？

“一点点数据胜过大量的语言争论。”工程师和数学家约翰·梅纳德·史密斯引用自然学家和进化生物学家J.B.S.霍尔丹的话。当梅纳德·史密斯在20世纪60年代试图用数学工具来回答困扰动物行为生物学家的问题时，他提出了这样一个问题：我们如何才能解释动物的那些倾向于回避与其他动物对抗的仪式性的甚至几乎是骑士性的行为？

梅纳德·史密斯选择用博弈论的方法来解答这个问题：让我们假设一个特定自然物种的两个亚种正在争夺相同的资源，如食物。梅纳德·史密斯称之为“鹰”的一方，选择了一种激进的策略，在这种策略中，每次接触的第一阶段都会表现出侵略的迹象，然后进行一场斗争，要么是胜利的，要么是惨败的。而梅纳德·史密斯称之为“鸽子”的另一个物种，选择了一种避免冲突的策略。

在斗争中，鸽子在第一次接触时确实表现出攻击性，但如果它的对手坚决对抗，鸽子就会逃到安全的地方。如果鹰同鸽子搏斗，鹰会赢取所有的食物。如果是鹰同鹰进行搏斗，它有一半的概率会赢。如果鸽子同鹰搏斗，鸽子迅即逃跑，鸽子不会受伤。如果是鸽子同鸽子相遇，它们会把食物分给对方，做出让步。这两个物种的相遇情况与它们的种群数量信息一致。

梅纳德·史密斯的重要贡献在于他认识到，确保物种间“进化稳定战略”（ESS）的存在，这也确保了物种间的生存。梅纳德·史密斯还计算出鹰和鸽子的数量之间的平衡点，确保斗争中所有参与者的收益（食物）和损失（受伤和时间浪费）之间的完美平衡。即使对博弈论一无所知的人也能理解，没有鸽子，鹰就会互相残杀；没有鹰，鸽子的数量就会增加，直到没有足够的食物给它们吃为止。作为一个整体，鸟类种群的利益需要鹰和鸽子同时存在。

保守的遗传学与自由的心理学

鹰派和鸽派在政治思想上和民主本身一样古老。这一基本的政治模式贯穿历史，从雅典和斯巴达时代，一直到现在。关于传统与创新、进步与稳定或“我们与他们”的辩论总会出现，并将继续在公开讨论政治观点的文化中出现。战争爆发和灾难性的家庭假日聚餐的共同特点是存在保守派和自由派、鹰派和鸽派或左右派之间的意识形态辩论，而这只是两个阵营名称的一部分。然而，为什么有些人持自由主义的世界观，而另一些人却持保守主义的世界观，这个问题仍然没有答案。

保守派和自由派在很多方面不同，从他们对艺术的品味到他们的整理方式（保守主义者在一天结束的时候会把桌子弄干净）。自由派可能更乐观，但保守派似乎更快乐，也不那么神经质。脑科学家告诉我们，保守派和自由派使用他们大脑的不同部分来做出与风险相关的决定，而自由派大脑中的灰质含量更多。虽然我们愿意相信，我们的思想立场是在对事实和他人意见进行合理评估的过程中发展起来的，但越来越多的研究证明，我们是错的。

虽然政治和遗传学似乎是相互独立的，但在一个揭开人类基因组秘密的科学时代，将它们联系起来的尝试是自然的一步。对这一相对年轻的科学领域发展的回顾表明，第一个具有里程碑意义的研究出现在 1974 年的一项实验中，该实验旨在将同卵双胞胎立场的相似性（在诸如死刑、失业、工会和堕胎等问题上）与其共同的遗传基因联系起来。

30 年后，约翰·阿尔福德领导了一组科学家，他们声称美国政治意识形态的差异不少于 43% 可以归因于遗传学。科学家们承认，没有一种基因直接导致政治立场的形成，但他们认为，通过影响形成这些观点所涉及的认知和情感过程，遗传学对政治立场有间接影响。心理学家和统计学家都对这项研究的结果持保留态度，并对双胞胎研究的可靠性提出了质疑——双胞胎是基因研究中常用的实验对象。批评者声称，环境对同卵双胞胎的影响与对异卵双胞胎的影响非常不同，异卵双胞胎是此类研究中的对照组。

以科学研究的名义，研究人员在研究参与者的家中和办公室四处观察，并根据他们设计私人空间的方式寻找他们意识形态偏好的线索。研究发现，保守派的房间更有组织，更干净，他们光线充足的办公室装饰简单，通常不如自由派的舒适。相比之下，自由主义者的卧室里有更多的书籍、地图、旅行证件和音乐物品，包括全球各地的音乐。他们的办公室更加丰富多彩，并保存了更多的书籍。研究人员证实，自由派人士对经验更开放。这个研究的读者可能会想，如果保守派害怕一个被混乱统治的世界，自由派则害怕一个没有感情和经历的世界。

接着，研究人员试图了解自由派和保守派的政治观点与个性之间的联系。他们根据五个主要特征选择了一个公认的人格量表，这个量表被称为“大五人格量表”，包含对新体验的开放性、责任心（努力工作的意愿、责任感和专注力）、外向性、亲和性和神经质。研究发现，与政治取向最相关的两个特征是对新经验的开放性和责任心。

2008 年，在著名的《科学》杂志上发表了一篇关于如何对这一主题给予更全面理解的重要评论。通过利用眼动追踪装置和皮肤电传感器，科学家们发现自我定义为保守派的人对负性刺激反应更为强烈。一张照片内含有一个脸上有只大蜘蛛的人，一个面带血迹的昏迷不醒的人，以及一个遭蛆寄生的开放性伤口，一同夹杂在一般的照片中，连接保守派参与者的敏感仪器上的指针跳的次数更多。这组人听到巨响时的惊吓反射也更明显。

研究人员得出结论，保守派很快就注意到了消极的一面，因为他们会花更长的时间去观察它，并且更容易被它分散注意力。这一现象有进化的根源，它源于早期阶段，当时，迅速的反应意味着一个活生生的保守派和一个死去的自由派之间的区别。这也解释了这样一个事实，即那些在生物学上倾向于遏制威胁的人更倾向于采取有利于军事力量、限制移民（被视为传播疾病）、严格执法和反对同化的政治立场。然而，重要的是要理解，从科学的角度来看，这两种方法都没有优势。此外，如果爱因斯坦说我们不能用创造问题的思维方式来解决问题的观点是正确的，那么寻求创新对我们生存的重要性就不亚于对威胁的敏感性——我们进化历史的属性。

2014 年发表的一篇文章继续从这一点出发，试图明确区分保守派和自由派的核心因素。作者（其中一些人参加了其他研究）声称，尽管保守派和自由派的反应有许多不同的特征，“组织因素”——其他因素所围绕的核心特征——实际上是对消极环境因素的不同生理和心理反应。保守派受到的影响更大，他们倾向于对负面刺激做出更多的反应，并在这方面投入更多的心理资源。相比之下，自由派较少受到消极环境的威胁，消极的行为模式与他们试图研究和管理新生活的方式相一致，即使是以社会对威胁和混乱的敏感性为代价。

研究人员总结了他们的工作：“可以合理地假设，那些在生理上或心理上对负面刺激做出更多反应的人倾向于支持一项尽量减少感知到威胁的公共政策，他们重视传统的解决方案，限制了人类的自由裁量权。为此，它还以外部群体（‘他们’）为代价促进内部群体（‘我们’）的发展，并采用权威人士制定的有决定性和统一的政策。”消极偏见是一种方便的诊断工具，其原因之一是不同派别的人在这方面表现出很大的差异。

发表这篇文章的杂志《行为与大脑科学》，除了有一些特别有趣或有争议的文章，还有令人耳目一新的出版习惯，就是发表其他研究人员对其结论的回应。在就这一主题发表的 26 篇文章中，22 篇支持其结论，另外 4 篇接受了其主要主张，但希望改进“消极偏见”一词的定义，以及文章所涉及的特定背景下保守派和自由派之间差异的论述。

任何稍微熟悉科研领域的人都知道，这是一种广泛的支持。文章作者和评论者的共同之处在于，他们认为保守派和自由派可以根据他们之间的个性特征来区分，这不仅表现在心理特征上，也表现在生理特征上，有时甚至是遗传特征上。约翰·乔斯特等人过了 10 多年才证实他的早期发现，他在评论者中很知名。

撰写这篇文章的约翰·希宾和他的同事在 2013 年出版的《倾向性：自由派、保守派和政治差异的生物学》一书中总结了他们的观点。在新书发布会的采访中，希宾说："保守派经常说'自由派不会明白'，而后者则相信保守派只会增加威胁感。我认为这两个问题都是正确的。"

鹰并非结伴而行

就生物平衡而言，希宾与同事形成了心理认知，与梅纳德·史密斯在鹰和鸽子模型中的发现不谋而合。社会需要保守派保护社会免受剥削和攻击，也需要自由派以创新和开放推动我们向前发展。社会需要将两者结合，取其所长，与这些擅长或缺乏社交的人建立联系——就连蜘蛛也会从社交行为中获益。

任何将这一道理内化的人也可以认识到，那些与我们存在分歧的人并非浅陋、无知或图谋不轨。他们只不过与我们体验世界的方式不同，他们有自己的经验或妥善应对的方式。对于社会如何构成这一问题，我们都有自己的道德喜好——有些人青睐等级制，有些人倾向平等主义；有些人支持严惩违法人员，而有些人则更宽大仁慈；有些人对外部群体充满了好奇和兴趣，而有些人则将其视为威胁。

也就是说，保守派和自由派通过对话达成共识的想法是不切实际的。相反，认识到我们之间存在的差异、差异的根源以及我们关注不同的事物才更实际、更理性。或许那时，我们就可以做好准备妥协，认识到这才是实现共同利益的最佳方式。

此外，我们也要认识到，我们都缺乏清晰明确且适用于所有议题的世界观，认识到这一点至关重要。实际上，有些研究关注双方阵营的共同之处。其中一个研究在相亲网上考查了保守派和自由派的期待。结果显示，每个人都在寻求同样的东西：与自己相似的对象。

由温尼伯大学主导的另一项研究显示，如果你认为保守派更喜欢顺从而自由派倾向于反抗、更不乐意顺从的话，你可能错了。根据这项研究，双方都重视遵从权威的重要性，但在究竟哪些权威值得遵从这一问题上，他们出现了分歧。

保守派和自由派所具有的另一种共同品质是他们存在着夸大对方道德境界的倾向。虽然保守派和自由派在理解各种道德问题时存在真正的差异，但双方都高估了这些差异的程度，这样就强化了对对方的一种反向偏见。保守派和自由派事实上比他们想的更为亲近，能够理解这一事实是双方抛却敌对、增加互信并建立联系的奠基石。

然而，无论是从社会层面还是从国家层面，在将最新的哲学研究观点应用于两派和解这一过程中时，有些重要的方面却出错了。在许多国家中，相对于鸽派，鹰派对政治决策者的影响更大。原因在于多重意识偏见对决策者及其顾问的影响，这种意识偏见会形成足够的扰乱作用，在战争时期尤为如此。战争双方都会夸大敌方的仇恨企图，在估量对方对己方的想法中出错，在仇恨发端的时候显示出毫无根据的激进，在战后谈判中顽固地拒绝做出任何妥协。这些偏见会助长战争的爆发，拖长战争的进程。在 2007 年《外交政策》上发表的一篇文章中，丹尼尔·卡尼曼描述了一长串的偏见，这些偏见让决策者更倾向于听从鹰派顾问的建议。卡尼曼称，鹰派更自信，他们不相信另一方，讲话方式比实际情况更为简单连贯。这就类似刺猬与狐狸的故事，其中狐狸无所不知，但刺猬只知道一件大事。这是以赛亚·伯林（Isaiah Berlin）发表的著名论断，出自其 1953 年发表的一篇题为《刺猬与狐狸》的论文。

为鹰派提供支持的核心偏见就是倾向于给他人贴标签（“他们很极端，会穷尽一切手段来达到目的”），而认为我们自己的行为只是对事物的回应（“我们背后是墙，所以我们被迫做出回应”）。当然，问题在于彼方也采用了同样的思考方式。现在谁会记得那些参加“一战”的国家都认为对手比自己更具威胁性呢？

另一个著名的偏见已经对人类产生了严重伤害，它天生存在于人的乐观之中。这种偏见是早期战争的源头，可以从顾问、领袖以及军人之中发现。“一战”中的各方都认为他们会在圣诞节前回家——他们只是忘记说哪一年了。法国军队的领袖诺埃尔·德·卡斯特尔诺在人类历史上最残酷的战争面前宣布：“给我 70 万士兵，我会征服整个欧洲。”

除乐观外，正如我们已经观察到的，在各种情况下，我们也饱受盲目自信以及过度控制欲带来的危害。我们确信我们是技术高超的司机或者是在法庭上有着强有力论据的律师，顾问和领袖都认为自己在权力平衡方面深得人心，一旦战争爆发，他们可以成功控制战争走向。

甚至是在战争结束前，各方都开始要估量损失的时候，鹰派也能表现出另一种人类偏见。如果我们面临着这样一个机会：或许会赢得一点儿确定的好处；或者相反，可能冒着倾家荡产的风险赢得更大的好处，我们都会倾向于拿到确定的好处。然而说到损失的时候，我们的表现就不同了：我们愿意去赌，即我们会冒着可能带来更大损失的风险去止损。因为双方的决策者都存在这种偏见（厌恶损失），战争会在不经意间被延长，就像赌徒在想要减小其损失时很难离开赌场。

卡尼曼提到的最后一个偏见在于，由于我们对得失的不同态度，我们在通过谈判终止矛盾上存在困难。根据他自己提出的前景理论，我们需要在收获是损失的两倍的时候，才能消除损失给我们带来的情感痛苦。因为我们将谈判中放弃的东西视为损失而将获得的东西视为收获，我们需要获得至少两倍于放弃的东西才能达到心理平衡。唯一的问题就是对方也是这样想的。

卡尼曼认为这并不意味着鹰派总是错的。他只是认为他们都太具说服力了。似乎在关于鹰派与鸽派由来已久的争论中，我们真正需要的是鹰派——领袖可以超越偏见看到真正的威胁，与此同时发现机遇，甚至在身处不确定处境时也能如此。如罗斯·佩罗所言，问题在于鹰并不结伴而行，而是一次只有一只。

马太效应

催生不平等的神秘引擎

“马太效应”出自2000年前《新约全书》中的一节诗：“凡有的，还要加倍给他，叫他多余；没有的，连他所有的也要夺过来”。换句话说，已经享有优势地位的人还要享受额外的好处，而一无所有的人还会继续一无所有。简单来说，这是个自我增强的循环，富的更富，穷的更穷，赢者通吃。

这个术语是由哥伦比亚大学的社会学家罗伯特·默顿于1968年提出的，他在学术研究领域发现了这一现象。他注意到，著名的研究人员因为马太效应而积累了声望和信誉，而来自鲜为人知的研究人员的新想法则遭到了主要期刊编辑的拒绝。同样，参加研究的高级研究人员也会获得重要奖项，即使大部分工作都是由初级研究人员完成的。1987年诺贝尔经济学奖被授予麻省理工学院的罗伯特·索洛，尽管那年不太知名的特雷弗·斯旺也出版了相同的作品。2000年诺贝尔化学奖的情况也是如此。在学术生涯的早期阶段就会出现这种现象：无论谁有幸进入一所更负盛名的大学，都会得益于一群更好的研究助理、更先进的设备和更方便的研究补助金。在多年的经济衰退中进入就业市场的学生注定要在他们的职业生涯中薪酬水平落后（相比于那些在经济繁荣的一年中开始工作的人）。

众所周知，马太效应对许多领域有影响。例如，儿童在上学期间每天平均习得 10 个新单词，在这期间他们要同时听或读。他们之间的差异很大，阅读量更多的人会接触到更广泛的词汇。但随着时间的推移，词汇量丰富的孩子和词汇量匮乏的孩子之间的差距越来越大，如果这还不够说明问题的话，那么词汇量丰富的学生也会得到更好的教育，有时候是天才班，老师会给予他们更多的教育关注。总之，优秀的学生会变得更好。

马尔科姆·格拉德威尔在他的《异类》一书中，调查了导致优秀冰球运动员卓越成长的因素。他的调查记录了这一现象背后的一个令人瞩目的方面：在分析优秀冰球运动员的出生日期时，格拉德威尔发现他们中的大多数出生在一年的第一季度。解开这个谜团并不需要复杂的实验设备。格拉德威尔解释说，当这些球员开始上学时，在被分配到的年龄组中，他们的身体条件高于平均水平。这个起点看似微不足道，但足以在他们被选入所在年龄组代表队时给予他们略微的优势，因此他们获得了更多的练习和上场时间。这种优势带来了一个机会，增加了更多的优势，而新的优势又创造了另一个机会，等等，直到他们发展成优秀的球员。格拉德威尔声称，异常值“无疑是隐藏优势的受益者”，但是这个等式的另一面却是悲伤的一面，即人类才能仅仅因为它的起点不够好而未表现出来。

马太效应在经济方面回顾了复利的作用——当经济投资产生的利息再投资时，经济投资回报出现了猛增。富人是这种现象在各种特权和利益中的主要受益者，但主要是因为他们占据良好的起始位置，以利用超越自己的道路而不是其他道路的商机。但是，相比对国家层面的影响，其对个人财富的影响相形见绌：如果在 1917 年来评估洛克菲勒的财富，那么作为世界上最富有的人，他足以支付全部美国国债，而如今比尔·盖茨的财富还不足以支付这笔债务两个月的利息。

马太效应是引起社会不平等增长的引擎，但它不是注定的，可以通过设定一套不同的社会优先事项来对其加以限制。如果我们继续认为任何经济增长的代价都是拉大贫富差距，让少数人享受水果但很多人承受着价格负担是合理的，马太效应肯定会将不平等的程度推向一个极致。这种发展将不具有社会可持续性。

关心过程

官僚的行为模式

1600年，发生在关原山口这个战略位置的战争决定了日本的命运。德川家康的作战人数不占优势，但在说服几名敌方指挥官加入他的队伍之后，却占了上风。战争胜利为他赢得了幕府将军的职位——最高统治者。在他建立的拥有200多年权力的王朝之下，日本社会稳定，文化前所未有地蓬勃发展。武士是那些致力于保护他们贵族主人的战士，他们从精英阶层下滑，发现自己丧失了主人和战争。他们成了官僚机构中的州长、法官、税务员、警察局局长和文员，这些官僚机构与他们所知道的世界相去甚远，而且他们受过长期训练，这种调整很困难，也会带来财务损失。多年来，武士保持了他们习以为常的忠诚度，为其主人复仇并在他们的坟墓前自杀。然而，随着时间的推移，他们屈服于幕府将军，并将他们的忠诚转移到国家及其机构上。以前保持财产的唯一方法是练习武术，而这些武术无法投入实际应用。正是在这段时间里，纪律和服从成了日本文化的核心。这个历史性的例子说明了官僚机构如何迫使个人进入一种模式，改变他们从前受培养过程中的一切，甚至在许多方面塑造了他们的性格。

实际上，西方大多数官僚的心理建构与社会中的其他人不同。他们从所服务的组织中获取自己的身份——有时候会以模糊个人界限为代价。在西方，官僚组织不允许其成员自由地评估何为对、何为错，什么是道德的、什么是不道德的。因此，官僚不受内在价值体系的影响，而恰恰后者影响他们的行为。他们的专业指挥功能与情感世界分开。这也是为什么官僚往往不能被善良、公平或正义的考虑左右。他们遵守议定书或法律条文。自由裁量权未被纳入他们的工作描述，也不是晋升公式的一部分。没有理由嫉妒官僚：许多人被要求用组织中的身份取代个人身份，在这一过程中他们经常遇到危机。他们需要依靠雇主而放弃个人身份，放弃通常的自由裁量权，尤其是价值判断，因此他们常常感到沮丧。官僚需要将他的感情留在家中，而在这个世界上，人类的相遇都会产生情感表达。

在我的职业生涯中，我遇到过许多官僚，但我以惯常的商业形式向他们阐释立场的尝试都遭遇了严重的失败。最后，我意识到官僚主义者与商界人士本质上是不同的，因此会受到不同理念的指导。商界关心最终结果，官僚机构关心过程。如果一个企业家是一个可以使不可能变为可能的人，许多官僚已经完善了使可能成为不可能的艺术。

在西方，官僚们一无所获，却面临损失。工资不会激励他们在决策中承担不必要的风险，而获取成功风险的奖金则是一个遥远的梦想。他们主要致力于降低个人成本。在检测最小危险所在位置时，官僚就像风向标一样。只有通过指出不同方向的更大风险，他的行为才会改变。然后他可以决定支持申请人，后者在特定情况下的要求似乎会降低风险。

一种常见的策略是，威胁着说会因拖延决定而要求赔偿。但是，如果你了解官僚的思想，你就不需要考虑那么远了。我的一位商业熟人曾经谈到，他如何在第三方使用内幕消息的情况下被美国证监会作为证人进行询问。美国证监会的律师质疑他，并且急于证实他们的怀疑，于是不断重复证人所说的话，偶尔错误地引用他的话，作为提问技巧的一部分。我的熟人厌倦了纠正对方，决定引入新风险来改变屋内的权力平衡。“如果你不停止错误的引用，我就慢慢说，你就得一直在办公室，5 点之后才能走。”不可预知的风险就像有魔法一样，问题迅速解决了。

第四章

喧哗中的孤寂

我，我自己，他人眼中的我

社会动物——自恋者的悲哀

这是3月下旬，巴黎的天气非常凉爽，我在清晨出去跑步的时候，太阳刚刚升起。30分钟后，我决定回到酒店。我迅速爬上楼梯，这个楼梯从我跑步经过的塞纳河岸边通往巴黎圣母院大教堂附近的街道。这个城市很美，但与河流的自然之美不同，街道上开始有行人和一些汽车，这个城市变得有生机。在新的环境中，第一个迎接我的是新建筑物上发光的广告牌。起初，我几乎没有注意到它，但广告中有些东西让我停下来，我向后退了一步又看了一遍。

我站在一张广告牌前，上面是一张年轻女子的照片，她被明亮的勃艮第色布料覆盖着，斜倚在破旧的沙发上。她优雅时尚的衣服松散地挂在身上，慷慨地露出匀称的腿部，沉重的珠宝从她身体的微妙关节处垂下来。她的一只胳膊靠在沙发上，头部朝着某个方向——最初看起来像是朝另一个女人的头部方向倾斜，另一个女人正做出相同的姿势，并用头部倾斜的方式做出回应。

这位才华横溢的广告商实现了他的目标：我停下了脚步，走近照片，仔细检查了一下。然后我意识到照片上没有其他女人。模特倚着她自己的脸，这是反射在镜子里她自己的形象。

当我又开始单调地跑步时，我心想，这个广告商是一个著名的法国巴黎时装品牌，传达了时代精神。从动物的性腺中生产香水以吸引异性注意力的日子已经一去不复返了。女性穿着精致来吸引男性，或同样地吸引其他女性的日子也已经过去了。看来，今天我们满足于给自己留下深刻的印象。一个 16 岁的人在一个月内拥有 3000 名 Facebook 好友，一位蔑视赛车队经理并在重要比赛中超越队友的赛车手，一名不关注别人企业的高管，这些人之间的共同点是什么？只关注自己？这些人都站在同一片湖的边缘，观察着自己的社会形象。欢迎来到全球自恋之湖。

曾几何时，我们有更多的社交

从历史的曙光产生开始，人类就采用了一种基于文化的生存策略：一种信仰、价值观、实践、仪式和符号的共识体系，并将其作为人们建立社会关系的基础。个人的地位在很大程度上取决于文化，文化会随着人类与新的挑战搏斗而变化。虽然15万年前如果你不属于某个部落的话，你就无法在非洲生存，但今天，社会归属感满足了人们的其他需求，主要是心理上的需求。

实际上，如果我们试图定义一个特定的个体，我们会发现，如果不参考其他人，尤其是这个人所属群体的成员的话，我们就做不到。在许多哺乳动物中，群体中个体之间的区别是通过社会结构中的等级来实现的，在灵长类动物群体中尤为如此，包括一些与人类特别接近的物种。

自然研究人员已经确定了其他许多物种的社会行为，包括一些在发展水平上与我们相去甚远的物种。狼与其他成员以相对公平的方式分享它们的食物，并依靠群体帮助来养育后代。在马、大象、鬣狗和海豚中，我们可以观察到多年的友谊。一项研究发现，120种牧羊犬比黑猩猩更具社会行为。

早在20世纪初，心理学家阿尔弗雷德·阿德勒就已经提出，归属的基本需求具有进化生存优势。他还断言，我们活动的主要动力是社交（不像他的前辈弗洛伊德所认为的那样是性），归属的需要是一种深刻的人类需要。最近阿德勒的假设在宾夕法尼亚大学两位动物行为研究人员的研究中引起了共鸣。多萝西·切尼和罗伯特·赛法思挑战了传统的达尔文主义者的假设：不同物种中最具攻击性、竞争性和统治性的都有获得更多后代的特权。

两人对狒狒的社会行为进行了研究，他们对博茨瓦纳 90 只狒狒的社会习惯观测逾 15 年！他们把研究结果写在一本优秀的书——《狒狒形而上学：社会心灵的演变》中。他们发现，雌性狒狒生育能力（后代数量）的最佳预测因素实际上是它与该群体中其他雌性的社会联系的强度。他们还发现，表现出良好社会关系的雌性狒狒的后代存活率和预期寿命更高。

为了科学起见，两位研究人员毫不犹豫地弄脏了手：他们检查了雌性狒狒的粪便，以便追踪其在经历紧张和压力时通常会分泌的物质。该群体中，一名亲密成员的死亡导致这些物质在粪便中的存在量增加。但研究人员很快发现，在这种悲剧发生后，雌性与新雌性建立了社会关系，其粪便中的痛苦指标便消失了。看起来，即使是自然选择也更倾向于那些在家庭内外建立社交联系的狒狒。一项不同的研究发现，在那些为同类除虱子的黑猩猩中，催产素（一种“合作激素”，也称为“信任分子”）的水平类似于由密切的血缘关系而激发的高激素水平。

然而，在19世纪末期，人类的互相除虱子等许多社交活动消失了。人们与其土地和小社区的传统联系让位于工业化产生的新的可能性，以及城市化加速进程所产生的陌生事物。在早期的生活方式中，人们从他们的团体关系中获取了大部分的心理健康、身份，甚至他们的自我价值感。然而今天，我们已经慢慢达到了一种情境，即人们从其独特的个人特征和个人成就中获得心理健康和自尊。

因此，有趣的是要研究这一路发生的事情——从19世纪的农村社会到今天的个人主义社会。心理学在同一时期获得发展，这是一个有趣的巧合。自阿德勒提出他的理论以来，许多行为科学家被问及他们对个人与社会之间重要联系的学术观点。

利己主义与归属感之间的平衡

来自赫兹利亚跨学科研究中心的吉拉德·希施贝格尔教授在“Alaxon”电子杂志的首版页面中写道：“我们可以想象一个人站在一个轴上，他的自私需求在一端，而他的基本需要归属于另一端。”“人们不断努力保持个人需求与他人接受之间的良好平衡。如果他的行为过于自私，社会就会做出拒绝和排斥的反应。如果他在别人身上投入了大量资金，他自己的个人需求就会受到影响。平衡难以捉摸，受到许多动态因素的影响。

我回到希施贝格尔教授那里，试图了解影响这一平衡因素的本质。他在接受采访时说：“在我看来，利己主义和归属感之间的紧张关系是心理学的核心，如果我们不需要他人帮助以及获取他们的同意，我们就会以纯粹自私的方式行事。既然我们的存在是以与他人合作为条件的，而我们在社会中的地位取决于别人如何评价我们，我们就必须不断平衡纯粹的个人兴趣和归属感。”

罗伊·鲍迈斯特和他在佛罗里达州立大学的同事们开展了一项研究，研究发现，当群体保持其个体成员之间的差异性时，组织会获益；而当其成员采用同质身份时，组织也会失去优势。也就是说，当“难以捉摸”的平衡点处于正确的位置时，不仅仅是个人，社会也会受益。

1995 年，鲍迈斯特与杜克大学的麦克·利里共同撰写了一篇文章，文章中写道，与周围关系不够紧密且社会归属感不足的人容易有行为和健康问题。这篇文章的标题是《归属需求：渴望人际关系是一种基本的人类动机》，文章认为社会行为可以在很大程度上由归属的基本需要来解释。在这篇开山之作中，作者认为，归属需求比大多数其他动机来源更重要，我们的思想、情感和行为都集中在这一需求上。鲍迈斯特和利里认为，我们的许多焦虑源于对拒绝和社会孤立的恐惧。他们的研究引起了极大的关注，这反映了公众对论文的兴趣，这篇论文的研究基于社会学、人类学、政治学还有心理学。

但利里在 2015 年的一次采访中表示，归属于一个团体的愿望是不够的。该群体的成员也需要接受我们。以往对归属需求的论调忽略了这样一个事实：我们不仅仅想要归属——一旦我们成为群体的一部分，我们也寻求以某种方式变得突出。我们可能会试图脱颖而出，成为热闹的搞笑人，成为电影行业最新趋势的权威，或者以种种其他的方式。

滑铁卢大学的伊戈尔·格罗斯曼和迈克尔·瓦努姆共同撰写了一篇文章，介绍了另一种理解个人主义发展的方法，它具有独创性，也是一种重要的社会方法。

2013 年 5 月，格罗斯曼在华盛顿举行的心理科学协会（APS）会议上分享了这篇文章的要点。他的演讲题目为《美国中产阶级个人主义的兴起》。开头是两个例子，讲述了一个家庭坐在餐桌旁的故事。其中一个例子说明的是，从 20 世纪 50 年代开始，每个人都参与了热烈的交谈。在第二个例子中，从几年前开始，每个人都在看房间角落里的电视。在第一个例子中没有出现的电视正在播放足球比赛。格罗斯曼认为，这两个例子代表了过去 50 年来发生的文化变迁。在 20 世纪中叶的传统社会，人们与居住在附近的人们直接互动，现在取而代之的是，人们放弃了人与人之间的直接互动，而选择适合他们需要和品位的媒体。

数据显示，美国人变得更加以自我为中心，格罗斯曼想知道这是否代表了文化变革（与政治经济变革相对），或是否为媒体所决定的变化。因此，他试图追踪与美国城市化和社会阶层发展有关变化的作用。他并没有请那些不耐烦的学生填调查问卷做自我报告，而是调查了真实的数据。

格罗斯曼的研究基于几个因素，他认为这些因素是社会个人主义水平的指标：新生儿的名字类型（独特名称与传统名称的相对频率）反映个人主义与集体主义的词语的流行程度，一段时间内书中出现领导者这类词语的频率。

在对婴儿姓名的分析中，他做了隐含的假设，即独特的姓名确实反映了个人主义。常规指数是男孩和女孩在其出生年份中 20 个最受欢迎的名字的百分比（低百分比反映出较严重的个人主义）。心理学家简·特温格及其同事对 1880 年至 2011 年出生的婴儿姓名进行了分析，结果表明，独特名字的比例不断上升，第二次世界大战以来尤为明显。

例如，在 1946 年，超过 5% 的男孩被取名为詹姆斯，超过 4% 的女孩被取名为玛丽。在此期间，每 3 个新生男孩中就有 1 个的名字属于 10 个最受欢迎名字，每 4 个新生女孩中就有 1 个的名字属于 10 个最受欢迎的名字。第二次世界大战结束不久在美国出生的所有男孩中，有一半的名字是 23 个最常见的名字之一。另外，在 21 世纪的第一个 10 年中，最流行名字（雅各布和艾米丽）的相对流行率只有 1%（在以色列，20 世纪 50 年代的男女宗教领袖的名字也多为那些最受欢迎的名字，2007 年只有 2.5% 的新生男孩拥有最受欢迎的名字：伊泰）。

在一个特别有趣的分析中，格罗斯曼和他的研究伙伴检查了可追溯到1860年的美国总统的演讲，确定了表达个人主义（偏好、差异、拥有、实现）与集体主义（给予、归属、分享、共同）的动词使用情况。在比尔·克林顿总统任期内，他们确实发现个人主义词语的使用量有所增加。对1860年至2006年的文学文本进行的类似分析发现了可供比较的结果，具有特别高的统计显著性（在该时间段结束时略有减弱）。

格罗斯曼试图排除一些因素，创造一个更加个人主义的社会。他使用复杂的统计方程式排除了技术变革的可能原因。人口密度的变化和城市化，传染病和自然灾害的发生率（人们倾向于在战争等集体创伤后给出独特的名称）也未能提供与个人主义的令人满意的相关性。与这种现象相关的唯一因素是社会阶层，而社会阶层通过平均收入和教育水平的组合来衡量。随着收入和教育水平的提高，高社会阶层的人更倾向于给予新生儿独特的名字，并且在总统演讲中更常出现独特的词语。因此，根据格罗斯曼的观点，社会阶层是在一个社会中检验个人主义水平的最佳指标。

历史上最自恋的一代

源自不同国家人们的自我形象显示出的独特文化成分非常重要，它让我们明白，个人主义的上升趋势在全球范围内减缓是可能的。在被要求从一堆不同颜色的笔中选择一支时，韩国人会选择最常见的颜色，而美国人会选择最不常见的颜色，即独特的颜色。韩国的广告强调，像其他人一样行事是正确的。

但无论这一观点是心理学还是社会文化学的内容，关于平衡归属需求和独特性需求的学术讨论都不能轻易解释西方国家的文化旋风，这种旋风导致了一种全新的均衡——一种能够实现自我表达的平衡。它接近自恋，同时又保持归属感。在一个始于21世纪初的进程中，消费者文化和社会网络的创造破坏了归属需求与表达欲望需求之间微妙的历史平衡，因为个人的利益不一定与社会上那些人的利益相对应。消费者文化使我们能够通过选择自己最喜欢的品牌来强调我们的独特性（其中许多以“我的”或“我”开头），社交网络提供了最终的技术，使人以最积极的方式向他人展示自己。与生活中闷闷不乐的现实相比，互联网自我描述的却是另一种状态，我们的大脑很容易解决二者的不和谐。毕竟，我们早已习惯将信息降级到我们的潜意识中，这些潜意识可能会以负面的眼光看待我们的一些性格（尤其是诚实）。社交网络背后的心理模型似乎给那些充分利用自恋的人打了最高分——也就是那些获得最大社会关注但同时在其他方面投入相对较少的人。如果我们记得自己最终需要他人胜过他人需要我们，那么这一自恋成就并不明显。此外，社交网络总是很诱人，无须烦琐的承诺即可传达令人艳羡的归属感。

这是怎么出现的？是否有可能确定有其他因素——除了因购买力、教育和互联网技术提供的可能性增加外——可以产生自恋和极端个人主义？

心理学家简·特温格在她的书中提到了这个问题，这本书的名字是《我们这一代：为什么今天的年轻美国人比以往任何时候都更自信、更专断、更高傲、更悲惨》。这本书详细描述了越来越多的美国年轻人接受教育付出的代价，如今他们优先考虑自我价值感而非成就感。因此，这些年轻人更喜欢用“我”。

作者认为，父母和教育者都促成了历史上最自恋的一代。父母没有为孩子设限，而教育者以牺牲自律和教育严谨性为代价来塑造学生的自我价值系统。在这个系统中，奖品和奖励是常规的，每个人最终都会受到奖励。“月度学生”“拼写奖”“辩论团队的杰出成员”是一些旨在提高学生信心的创意称谓。努力工作比学习成绩更受重视，每三位教育工作者中就有两位愿意提高学生的分数，使他们相信他们已经足够努力。

特温格写了她的第二本书《自恋流行病：生活在权利时代》，共同作者有基思·坎贝尔，他是专门研究这一主题的心理学家。这本书介绍了用于识别过度自尊的传统问卷——受访者在世界上掌握控制权的愿望。他们将自己定义为特别的，认为自己应该得到舒适。美国大学生的回应表明，与 1996 年相比，2008 年自恋者人数增加了 15%。总的来说，今天每 4 个美国人中就有 1 个被列为高度自恋者，10% 被定义为临床自恋者。这一百分比每年增长速度与肥胖症上涨的速度一样快。

在艾森豪威尔总统内阁任职的 23 名女性和男性中，只有 1 名——农业部长——在离任后出版了回忆录。相比之下，里根政府 30 名内阁成员中，有 12 名认为他们的生活足以引起公众的兴趣，并在里根 1989 年卸任后发表了回忆录。

自恋的发生率越来越高，而与此同时，人际信任和同理心水平日益下降，年轻人对其生活中“有意义的哲理”的重视程度急剧下降。虽然在1950年，也有12%的年轻人认为自己是“重要人物”，但在20世纪90年代初，这一数字飙升至80%。心理学家楠檀·德沃及其同事进行的研究也发现，流行音乐歌词中的自恋表达有所增加。

特温格和坎贝尔还认为，2008年的经济危机可归因于自恋的流行，这种自恋会鼓励人们超出自己能力的消费，以使他们看起来比实际更富裕、更成功。金融机构提供的信贷营造了一种氛围，塑料信用卡的数量增长仅次于整形手术（自20世纪70年代中期以来增长了300%）。这更证实了格罗斯曼的研究结果，表明可支配收入的增加是美国社会个人主义增长的原因。

在2014年的一次演讲中，坎贝尔表示希望这种趋势及其相关的文化价值能够在不遭受另一次经济崩溃的情况下得到扭转。与此同时，他建议我们不要将关注提升自我价值感作为社会目标，而是发展自我控制力，并在个人和公共生活中给予别人更多的同理心。

秘密面前没有朋友

选择可以分享隐私的朋友

站在原地，展开你的手臂并旋转。手指在空中画出的想象圆圈标志着我们希望为自己保留的身体距离。以威胁的方式入侵这个私人空间的陌生人，甚至是电梯旁的人，都会让我们感到不舒服。我们希望他人尊重的界限（这样我们就不会感到不舒服或受到威胁）是我们隐私的重要组成部分。

所有生物都有边界：构成我们身体组织的细胞被包裹在一个膜中，这个膜界定了细胞内外的东西，就像家里的墙壁定义了生活在里面的人和外面的人一样。这些边界区分了暴露给整个公众的内容和仅保留在这些边界内的内容。隐私设置了类似的界限。这不仅仅是我们希望别人与我们保持距离，以便我们感到舒适。隐私权也是我们与其他人保持距离的权利，这样使我们得以考虑创造内心世界的各种细节，这部分只有我们自己最熟悉。

隐私没有明确的定义，这个术语在法律、政治、传播和哲学中以各种方式存在。亚里士多德首次区分了公共话语社交空间（polis）和为个人及其家庭保留的私人空间（oikos）。著名研究人员玛格丽特·米德补充了人类学的部分，她注意到在各种文化下人可以通过隐藏、独身或阻止公众进入秘密仪式等方式来保护个人隐私。其他研究发现，动物也需要隐私。

不同文化中肢体语言的差异也反映在他们定义为私人的物理空间中。意大利人常常在街上迎接熟人，双手捧着对方的脸热情亲吻。而日本人则更喜欢互相鞠躬，而不是碰触。触摸在日本被认为是严重侵犯隐私的行为。在南美洲，即使人们不熟悉，在交谈时的距离也非常小。在亚洲，靠近他人身体是非常普遍的，主要是因为这个地区的人口密度很高。而美国人站在离他人太近的地方会感觉不舒服，特别是在互相不了解时。

但身体亲近的有形边界只是隐私的一个方面。另一个更重要的边界是我们自己绘制的想象边界，它将其他人对我们的了解与我们自己所知道的内容分开。隐私对社会的存在也至关重要。一个没有隐私的世界是一个无法容忍的世界，在这个世界中，患者和医生之间、律师和客户之间以及两个朋友之间的所有内容都成为公共知识。在一个没有隐私的世界里，任何社会都无法维持。

所有文化中都有隐私的概念，但不同文化中隐私的重要性以及保护隐私的方式不同。来自不同文化背景的夫妇可能会惊讶地发现，其中一人与其朋友自由地谈论他们夫妻的最后一次争吵，而另一个人却认为这是私人家庭问题。例如，远离技术的文化与那些通过社交媒体定期发布个人信息的文化的隐私标准不同。一些消费者愿意放弃他们的隐私，以便接收一些量身定制的商业报价，这与互联网上的产品和服务供应商共享的信息有关。这些供应商监控我们的偏好、购买习惯和感兴趣的领域，这反映在我们互联网的搜索中。强大的计算机处理我们无意中留下的所有上网痕迹，以便以惊人的细节精确描述我们最私密的偏好——我们喜欢哪种颜色，我们觉得哪些名人有吸引力或令人害怕，等等。

我们使用隐私作为控制别人靠近我们以及获取秘密的手段。当我们决定允许他人进入我们的私人空间时，我们也在表达我们的社会选择。向他人揭露我们秘密的诱惑源于希望与我们分享秘密的人值得我们信任，我们也会以类似的信任姿态对待他们，甚至彼此成为朋友。然而，在这个等式的另一边，我们知道，如果我们分享所有秘密，我们就有可能失去一些重要的东西：有些东西只属于我们，任何其他人都没有权利了解。这包括只属于我们的特殊回忆，我们喜欢的却被认为有点奇怪的东西，我们很讨厌却不好意思承认的东西。

隐私可以防止周围的人通过身体或通过我们的信息免费接近我们。放弃隐私是非常诱人的，因为它可能使我们成为关注的焦点，至少暂时是这样。另外，当没有其他人可以进入我们的个人空间时，绝对隐私得以实现，而我们只需将自己隔离在一个偏远的地方，就可以保持这种绝对的隐私。然而，那时我们需要向所有朋友告别，并失去向他们展示美德的机会。

事实上，隐私和亲密关系是相互联系的。在不放弃隐私的情况下，亲密关系是不可能实现的。隐私意味着控制有关我们个人偏好的信息，但这些信息对我们的成长至关重要，让我们成为具有社交和道德能力的成年人，进而与他人形成信任、尊重和爱的关系。对个人信息的控制使我们能够根据与他人一致或不同的意愿，在各种开放水平上发布这些信息。由于放弃隐私是我们做出选择和发展爱情、友谊能力的基石，因此这就清楚地说明了为什么隐私的危险会对我们人类——一种典型的社会物种——的存在构成威胁。隐私使我们能够塑造与他人和自己的关系。

没有与他人的亲密关系，我们的生活中总会缺少某些东西。毕竟，如果我们没有可分享的亲人，我们就不清楚我们是谁以及我们的经历是什么。那些我们允许进入私人世界的朋友也让我们敢于自由表达自己而不会感到尴尬。但重要的是，我们要记住，我们不仅渴望被他人所爱，也要爱护和关心他人。促进这种亲和力所需的资源就是隐私——是在与选择的人分享个人信息的时候的控制。任何未经我们许可接收此信息的人都会越界。

这一点很奇怪。似乎我们需要隐私的唯一原因是让我们愿意放弃它。放弃我们的隐私，我们就相当于给至亲的人——家人、朋友以及其他值得我们信任的人以嘉奖。而且，当我们放弃隐私并将秘密暴露给他人时，我们也准备好改变设置在我们周围的物理边界，允许其他人走近而不会感到不安。

由来已久的细微差异

我们是更相似还是更不同？

一位著名的心理学家突然从舞台上冒出来，全身笼罩在烟雾中。他的身体被深红色长袍包裹着，一双白色的丝绸鞋从里面探出头来，他头上戴着一顶黄色的头巾，上面挂着闪亮的祖母绿宝石。那两条浓浓的眉毛，对角拱起，在抹得煞白的脸上异常显眼。当人群不停地欢呼时，强大的聚光灯跟随着灵巧的身体，追随着他的每个动作。一个看不见的播音员邀请了第一个志愿者走上晚会开幕式的舞台，这个开幕式此前承诺要办成最好的一次娱乐活动。

转瞬间，一个年轻人出现在舞台上。他显而易见的困惑表明，他与表演者素不相识。志愿者被要求在纸上画一幅画，然后将其折叠好，随即插入信封中，并将其放在心理学家灵巧的手中。在志愿者完成这项任务后，这位心理学家集中注意力于折叠的纸上，沉思片刻，最后充满信心地宣布："你画了一所房子。"志愿者脸上的惊讶表情以及这位明星心理学家的胜利微笑说明了一切。

是超自然力量发挥了作用吗？或者只是对人性的深刻理解？事实证明，当被要求画一幅画时，我们几乎所有人都会画出五种基本形状中的一种——房子、树、汽车、花或火柴人。所有读心术者需要的就是快速识别志愿者的手部动作以及完成任务所花费的时间。他的经验已经告诉他页面上究竟是五种基本形状中的哪一种。

有点尴尬啊。我们非常相似，相似到以至于演艺人员和其他那些试图在不了解我们的情况下瞄准我们品位的广告商都有我们的统计数据？

我们从深层来说都是相似的吗？

达尔文声称，特定物种间存在巨大的多样性：没有两个人的解剖结构、身体结构或行为结构是完全相同的。特定物种的成员在细胞结构、战斗能力和社交技能方面存在差异，这些特征被认为是遗传因素，使我们的后代与我们相似而不是与其他人相似。

每个生物都有类似的遗传密码，包括老鼠和男人。然而，除同卵双胞胎外，每个人都有独特的DNA来决定他的眼睛颜色、血型和无数其他身体和生物特征。两个人彼此越接近，其遗传密码中“写好的”差异就越小。但即使遗传密码的差异很小，也会出现不同的情况，这取决于组成基因的哪些部分是活跃的，哪些部分是休眠的。我们和黑猩猩一样，拥有负责生长尾骨的基因。幸运的是，它们在我们的案例中处于休眠状态。

我们不仅天生不同，而且我们不断改变自己的经历，这也会创造新的神经元和在现有神经元之间建立新的联系，进而改变我们的大脑。研究表明，我们的大脑可能会在短短一天内发生变化。我们的基因和经验的独特组合是区分我们的正确依据。来自魏茨曼科学研究所的伊兰·伊利纳夫博士和伊兰·西格尔教授断言，即使是肠道细菌的成分也会因人而异。他们认为，这种多样性表现非常广泛，以至于某些类型的食物可以帮助某些人减肥，而对其他人效果可能恰恰相反。同样，药物的有效性根据我们的微生物组或“第二基因组”——我们每个人肠道细菌的独特组成而变化。

弗朗西斯·高尔顿爵士是一位多产的研究员（也恰好是查尔斯·达尔文的表兄弟），他在 19 世纪 70 年代发起了一项非常雄心勃勃的项目：通过塑造处于相同位置的人物雕像将人归类。他相信他能够识别两种肖像类型，这两种类型代表维多利亚时代所有罪犯的面孔。高尔顿是19世纪后期的科学风尚——颅相学的主要支持者，认为人类头骨的形状和面部特征表达了人的个性。

高尔顿后来承认他在倡导颅相学方面犯了错误，这并非发生在向苏格兰场提供基于指纹的识别方法之前。他证明我们彼此之间的差别很大，可以通过指纹来做出区分，但不足以证实基于面部特征的犯罪预防措施。高尔顿和其他人试图检测来自不同家族的人之间的物理相似性，结果却失败了，今天各种生物识别方法的广泛使用反映了一个无可辩驳的事实，即我们确实在生理上存在差异。

但重要的问题不是我们从物理角度来看是多么相似或不同。毕竟，我们生活的质量主要取决于我们个性的情感和道德维度：情感维度既影响我们的高潮和低谷，又带来巨大的快乐和痛苦的失望，而道德维度对于产生社会意识非常重要。这是人类至关重要的需要。因此，重要的问题是我们在这些方面有多相似？

一个诱人的出发点可能是从人类学的角度来看待人类，比较整个历史中的文化和不同民族。例如，对古代文化的研究表明，虽然其宗教从表面上看是不同的，但大多数都有着相似的基本模式：男女神的形象往往包含自然元素或与人类的经验息息相关。宗教之间的多样性发生在人类文化发展的后期。任何致力于在过去与现在之间搭建桥梁的人，都可以研究集体无意识这个话题——由卡尔·荣格提出，用来描述所有人类的无意识层面。

志趣相投

2010 年发表的研究证实了一个前提，即无论人们各自的文化背景如何，他们的情感都存在相似性。这项研究在伦敦大学学院进行，将英格兰人与纳米比亚辛巴族的成员进行了比较。该部落的 2 万名成员过着完全传统的与现代隔离的生活，没有电、自来水和正规教育。领导这项研究的索菲·斯科特试图回答这样一个问题，即如果声音与各种情绪有关，比如愤怒、快乐、恐惧、悲伤、厌恶和惊奇等，那么来自不同文化的人是否共有这些声音。

这项研究是告诉两个小组同一个故事，来唤起一种特定的情感。例如，悲伤是通过一个关于家庭成员死亡的故事来表达的。然后研究人员播放了哭泣和笑声，并要求参与者在听完故事后指出两种声音中的哪一种最能反映出他们的感受。将纳米比亚人的哭泣和笑声向英国参与者播放，以及向纳米比亚人播放英国人的。事实证明，两个小组都能够识别出声音背后的情绪。

调查结果还表明，每个人都会产生惊讶、高兴、愤怒和恐惧等情绪。我们与人类同胞共享大部分遗传密码，我们都有复杂的沟通系统，用于向周围的人传达思想、意图和感受。身体姿势和面部表情通常在不使用文字的情况下传达信息。但这些因文化而异，一种文化所诠释的感情象征可能被另一种文化视为性骚扰。

这些发现支持了早期的研究结果，表明面部表情代表了许多文化共同的基础情感。根据研究人员的说法，尽管面部结构存在差异，但我们所有人都配备了产生面部表情所需的肌肉，以传达普遍可识别的情感。研究人员发现，笑声代表了最广泛的跨文化共同点，他们将这归因于我们发出的声音。即使是婴儿，面对搔痒也会发出这种声音。这些声音在婴儿和母亲之间的快乐交流中具有进化作用，也能在黑猩猩和其他灵长类动物的声音中被识别出来。这项研究成果与达尔文的观点是一致的，即情感是人类自然属性的一部分。

在 2014 年心理科学协会（APS）年会上的一次演讲中，杰西卡·特雷西指出，身体姿势和表达自豪感的面部表情也超越了文化、种族和性别。她认为，向他人展示自豪感是提升社会地位的基本人类机制。骄傲的迹象——微笑、举手和扩胸——对来自不同国家和文化的体育比赛获胜者来说是很常见的。在 2004 年雅典奥运会期间，特雷西观察了柔道比赛中获胜者的身体姿势和面部表情，发现他们之间有很大的相似性。

研究人员在研究人类相似性问题方面开辟了新天地，成功地在残奥会的盲人参与者身上找到了自豪感的标志。研究人员声称，自豪的标志非常普遍，世界上 89% 的人可以在地球上的任何地方认出它们。

自恋的细微差别

2010 年，我参观了伦敦皇家学院年度夏季展览，那是展览的最后一天，我开展了一个小型实验，用以检验我们在购买艺术品时是否存在相似或不同，这本质上是一个情感的主题。部分展览特别适合我的实验，那里有一系列的雕塑和版画。与油画和雕塑相比，这些作品相对便宜，可以购买大量的复制品。

我限定了很多可以比较各种印刷品特征的词语，如价格、尺寸、色彩、主题、抽象层次以及艺术家的名声，甚至是作品悬挂的高度。接下来，我测试了是否可以提出一个公式来比较具备这些特征的印刷品，以预测它们的销售情况（作品下方的一个小红点标出了每个作品的销售价格）。我希望发现人们品位的共同点，我选择的样本包括至少 45 件艺术品。

为了更好地说明，我将一些数据加入我开发的业余模型中：我对翠西·艾敏创作的两部作品提出了最高要求，她是位著名且颇具煽动性的英国艺术家。她第一部作品——一个裸体女性的蚀刻版画，她的脚上有三个男性的性器官——的所有 200 份印刷品很快就被卖掉了。第二部作品是蓝色色调的模糊猫蚀刻版画，作品苍白且毫无魅力，但价格实惠——280 英镑。它的全部 300 份复制品已售出。人们是否因为艺术家的名字而购买了模糊猫蚀刻版画，或者是否无辜的动物为买家提供了一个明确的表达道德感的绝佳机会？

有一点很容易注意到，即使不知道任何关于“黄金分割”（长度和宽度的特定比例，是人眼喜欢的几何形状）的知识，展览的参观者也一直喜欢水平方向的作品，这类作品的长度大于高度。很明显，英国人对动物很狂热。尤其是兔子、狗和猫，它们的图案都是畅销物。还有狮子，当然，我的公式将其视为大猫。刺猬没有成绩——3 个作品都没有卖掉。事实证明，照片中的动作并没有帮助：一群像雨一样从天上掉下来的鹿只出售了 4 份，而该作品一共有 15 份。

在应用我开发的第一个公式时，已经出现了几个关于购买者倾向的明确见解。首先考虑的是价格。夏季展览参观者决策的核心动力是以低价购买艺术品，而不考虑任何艺术价值。同样显而易见的是，那些主题有点模糊，但不是很抽象的作品，在那些认为是忠实反映自己生活、沉浸在令人沮丧的不确定性中的人群中颇受欢迎。幽默作品也有很高的需求。展示 3 位女性剪影站在浴室的一条线上，门上勾勒出一个相同的轮廓的作品非常成功——所有 60 个印刷品被出售一空。顺便提一下，尺寸很重要。小型艺术品是畅销品。原因很简单：在墙上找到一个适合它们的地方很容易，而且它们通常比较便宜。

在工作了几个小时并对数据进行统计分类后，我创建了一个多变量回归模型（感谢弗朗西斯·高尔顿，他开发了相关性统计），成功估算了展览中许多印刷品的销量。我对大量艺术品和访客进行的研究实践表明，人们的品位可以统计量化，且人们拥有一系列的共同品位。

但当我将我的发现告诉一个朋友，她是一位当代艺术画廊的所有者，她微笑着嘲笑道："科学家不需要知道人们更喜欢媚俗，特别是如果它便宜的话。"

也许没有必要进行研究来证实我们心中都热衷于买廉价的媚俗作品，但是当我们看到其他表达文化品位的名单时，这种假设就不那么有说服力了。每个具有诚信精神的文学出版商都会承认他无法预测哪本书会成为畅销书，甚至连产出大量广受欢迎的电影作品的好莱坞电影公司也无法预见哪些作品会损失数亿美元。

我们现在知道，当我们识别熟悉的模式时，我们的安全感是进化心理学提供的重要益处之一。这可以追溯到古代，能否快速识别代表捕食者威胁的模式可能意味着生与死的差异。在这种情况下，将人脸快速归类为一般类别——不仔细区分它们——可以保留一些认知资源，而这些认知资源可以应用在评估潜在威胁的关键过程中。例如，我们倾向于看到来自世界各地的人们有很大的相似性。对某个人特定投入注意力需要大量的情感能量，这将以牺牲我们认为更重要的功能为代价。

弗洛伊德创造了“对微小差异的自恋”这一表达，以定义我们检测他人行为——例如他们的着装或习惯微小差异的能力。斯蒂芬·卡夫是一名作家兼哲学家，他在数字杂志上发表了一篇有趣的文章，其中指出，“作为社会性动物，我们不断尝试从他人行为中的最小信号和差异中读出他人的情绪和意图”。这些差异被定义为“自恋”，因为我们最终将他人指代自己，从而帮助我们形成自己的身份。

对微小差异的自恋现象在邻国之间的对抗中也很常见，因为小的差异被放大以加深它们之间的区别。例如，土耳其咖啡和希腊咖啡之间没有区别，除了存在于土耳其人和希腊人的想法中。在古代，当部落之间的对抗反映出对生存的真正威胁时，发现微小差异的能力是非常有价值的。然而现在，这种偏见只会模糊这些人之间的巨大相似性，而如果这些相似之处得到适当的承认，可以有力地帮助改善他们之间的关系。

待解决的问题

即使我们每个人天生是独一无二的，但对大多数人来说，具有社会独特性仍然是一个未实现的愿望。我们是相似的，都渴望我们的社会独特性获得承认，我们中的一些人愿意为实现这一目标做出很大贡献。许多消费产品的广告，特别是最负盛名的产品，旨在强化我们的特殊感。当然，这给广告商带来了一个悖论：他们声称，购买他们的产品会让我们变得非常特殊，但如果他们的广告成功，我们将只是购买它的众多人之一。

我们有一个共同点，即都认为自己是特别的。这是需要解决的问题吗？我们所有人都是相似的，但是从某些角度（如营销角度）来说，我们可归类为不同的群体吗？

也许，尽管我们对掌控有着原始的渴望，但自然有其自身的逻辑：如果电磁现象有时可以作为能量而有时可以作为物质，为什么人类不能呢？某一刻，他们因为个人的自发性赢得了成功的音乐表演，下一刻他们已经适应了全场观众的掌声。

我相信我们对爱、认可和社会归属的基本愿望是相似的，但我们寻求实现这些愿望的方式不同。我们都可以自由选择如何应对我们所面临的挑战，从而承担起我们无法与其他任何人共享的责任。在我们的选择中，存在着我们真正的独特性。

尴尬的丰富含义

尴尬可能说明什么

我写道，“肆无忌惮，没有底线”，然后点击“发送”。这个令人不快的描述所指的对象是一位知名商人，他曾要求为服务支付额外费用，而我认为这项服务已包含在我们之间的协议中。我把电子邮件发给了我的律师，但我没有注意到我点击了“全部回复”——其中包括我刚刚指责的那位毫无底线的人。我立即通过电话了解到了这个错误。有人打来电话问：“你写的‘肆无忌惮，没有底线’是什么意思？”这人不是我的律师。

尴尬（如在上述情况中所感受到的）的起因，是无意中违反社会规则并导致消极的自我意识的行为。当我们吸引无意的注意力时，我们大多数人会很尴尬。当我们失去对自己身体的控制时，如滑倒、在公共场所喝酒或放屁，或忘记某人的名字，或秘密想法被揭露时，就会发生这种情况。即使是正面造成夸大注意力的恭维也可能导致尴尬，它们破坏了谦虚这种熟悉的社会规范。

因此，尴尬的基本组成部分包括违反社会共识的行为，他人的存在以及我们给人留下不良印象的感觉。那些容易尴尬的人——有些人将其称为痛苦——拥有相对高度的自我意识，与大众认知相反，他们不一定害羞或缺乏社交技巧。尴尬的表达包括强迫微笑（只有嘴角向上弯曲，不会延伸到眼睛），避开他人眼神或向下凝视，紧张地笑，触摸自己的脸以及有时会脸红。

20 世纪中期，社会学家欧文·戈夫曼首次讨论了尴尬在促进社会功能方面的重要性。他认为，表现出尴尬表明人们希望维持每个社会的基本规范。通过这种方式，人们宣称他们意识到某种不愉快的行为，对此感到遗憾，并且现在致力于在未来遵守社会秩序。在戈夫曼的世界里，人们的生活非常依赖他人看待自己的方式，以至于他们会独自完成一切，以免歪曲或违背社会期望。戈夫曼认为世界是个人表现的舞台，他认为一个错误的音符——一个涉及尴尬的事件——可能会破坏整个节目。"尴尬"这个词味着发展亲密关系的"障碍"，戈尔曼认为，尴尬是成功的面对面社交互动的障碍。

其他社会学家认为，由戈夫曼提出的尴尬研究的重要之处在于人们缓解尴尬的方式是——怎么说呢——表现出尴尬或难堪。戈尔曼试图研究这一现象。这些研究的主体证实了尴尬在维护社会秩序中的作用，但也解释了那些表现出尴尬迹象的人在社会上得到了回报。他们很受欢迎，被认为值得宽恕，同时比那些没有表现出这种迹象的人更值得信赖。

关于这一主题的最新研究成果来自加州大学伯克利分校。心理学博士马修·范伯格和他的两位同事认为，尴尬是亲社会行为的标志——关心他人的利益以及有避免伤害他人的愿望。也就是说，这不再是一种旨在恢复一个人的社会地位的非语言道歉或和解姿态，而是一种真正的人性表达。在1月出版的《人格与社会心理学杂志》上发表的一项研究中，他们认为，人们将尴尬表达视为社会行为，关注维持社会规范和对亲社会关系的承诺——通过表达信任和渴望变得与人更亲近。

研究人员进行了一个系列的五项研究。在其中一项研究中，被试被要求在摄像机前重建他们陷入的令人尴尬的事件。一份单独的调查问卷试图测试它们的社会价值，并询问他们如何与他人分享某些东西（如抽奖券）。有些人讲述了一个特别令人尴尬的故事并且在他们的面部表情中表现出更大的尴尬，他们被认为更具备亲社会性，并且在特定的经济分配游戏中，向那些与他们一起玩的人给予更多东西。

研究人员想要测试其他人是否以同样的方式看待尴尬的受害者，他们要求观众们评估受访者的亲社会行为。观众认为那些在他们的故事和镜头前的表情中表现出更大尴尬的人有较高的亲社会性。亲社会性在这方面的行为与一些特征，如慷慨、合作、正直、可信赖和对社会行为规则的忠诚等高度相关。观众也表示倾向于与那些表现出更大尴尬的人建立社交关系。

看起来脸红和脸部、颈部的血管不自主扩张——在表达尴尬时，这些表现有特殊的作用。在这方面，好消息主要来自荷兰。由心理学家克利内·迪克领导的研究小组发现，脸红也起着重要的社会作用。那些违反社会规范或参与其他一些尴尬事故的人，如果他们脸红并表现出查尔斯·达尔文所说的“所有表达中最特殊、最人性化”的特征，那么他们可能会被原谅。

虽然言语或行为并不总是判断一个人感受的可靠依据，但数十万年的进化已经教会人类将非自愿表达作为成功预测未来行为的因素。像哭泣一样，脸红是一种无法控制的人类特征，因此成为愿意沟通和传达社会善意的可靠心理标志。荷兰的研究人员将女性的面部照片附加到创造的“社会违规”故事（如因为聚会而错过了葬礼，在车祸后逃逸）中。要求被试根据各种标准评估这些女性，例如他们对这些女性的整体印象，他们认为她们的同理心如何、是否值得信赖，等等。研究人员还使用电脑给照片中的一些女性做出明显的脸红标志。这些女性被评为更有利、更值得信赖的对象。研究人员得出结论：“脸红是一种有益的身体信号，具有面部特性。因此，隐藏脸红或尽量不要在这些类型的背景下脸红似乎是不明智的。”如果我们相信研究人员，那么尴尬和脸红是一种有效的标志，证明了一个人的性格，表明这个人在情感和物质方面可靠。这一点有点令人尴尬。

信任游戏

信任和可信任的自我强化循环

近40年来，我一直在进行一项研究，研究结果对我来说非常重要。我试图确定信任他人是否值得，或者更准确地说：在哪些情况下，我们应该在与陌生人的关系中承担因信任他们而产生的物质或情感风险呢？行为科学家有自己的方法来解决这个有趣的问题，但我固执地认为，一般的生活经验，尤其是商业经验，同样具有启发性。毕竟，如果不考虑具有代表性的、多样化的参与者样本，研究者在过去40年都研究了些什么呢？

在这漫长的岁月里，我给予、接受、购买又卖出产品，但始终没有得出明确的结论。那些不欠我人情的人通常给予我家人般的温暖，而我慷慨对之的人甚至没有用简单的赞赏词来承认这一点。我尚处在起点。显然，我可以信任我熟悉的某些人，但先前的熟悉程度与科学研究的最简单要求不一致：参与者必须对研究人员完全陌生，对问询主题一无所知。

作为一个放弃学术实验转而经商的年轻人，我已经接受了这样一个事实：我可能永远找不到关于信任这个重要问题的可靠答案。直到近20年前的某一天，事情有了转机。那天晚上，我的妻子放我的鸽子，没有陪我一起去剧院，因此多出一张票。由于对节目抱有很高期望，而且我们预订了很好的座位，所以我认为我可以轻而易举地卖掉那天晚上的演出票。我在演出前约20分钟来到售票处，发现生活比我想象的要复杂得多。如果你试图在演出的当天晚上卖票，你可能会发现票房几乎总是有未售票。即使座位不是那么好，它们也能满足大多数戏剧爱好者的需求。那天晚上，我无法售出这张多余的票，思考着自己是否可以用什么营销手段。

剧院大厅就是实验室

除略微的失望外，我突然意识到这个问题很有趣，如果可以重复，也许可以为我的问题提供答案。多年来出现了许多类似的机会，通常是因为商务旅行以及熟悉的例行程序：站在售票处附近，我采用打折但不讲价的方式卖票——“购买或离开”。即使潜在的买家提出的支付价格只是略低于我的要价，我也没有做出让步。在那些情况下，潜在的买家离开我，希望售票处仍然有较便宜的门票，即使座位不是那么好。

我不时改变我提供的折扣，并仔细记录。结果非常令人失望，我能够收取的平均票款甚至还不够票价的一半。

突然，几个月前，我看到了希望。那是个受欢迎的舞蹈表演，我发现自己的对面是个熟悉的票房营业员，他怜悯地对我微笑。一个年轻女子从寒冷的门外冲进来。她摘下羊毛帽子，解开厚重的外套，然后迅速调查了演出票附近的区域，注意到我手中的票。“多少钱？”她问道。“只要对你有用，多少都可以。”我回答道。最初她感到很惊喜，随后她在票上盯了一会儿，拉开钱包并全价支付。很明显，事情有了转机，但究竟是什么让这个案例变得如此不同？

行为科学家试图利用游戏回答我提出的问题，他们在实验室中分析游戏结果。最著名的是最后通牒博弈。就像我检测的情况一样，它基于两个玩家的“一次性交易”，两个玩家互不认识，他们没法根据一系列交易中的行为模式建立“声誉”。

如果以“两列火车同时离开车站”开头的数学练习让

你感到不安，我建议你阅读下面介绍的两款游戏。它们提供了一个相对简单的思考练习以及一个重要的见解。

以下是最后通牒博弈的总结：两个陌生玩家参与掷硬币比赛。例如，获胜者（提议者）收到 100 美元，并且必须决定与其他玩家的共享比例。如果失败的玩家（响应者）接受了提议，则提议者将把 100 美元减去他选择分享的金额，并将其交给第二个玩家保留。如果响应者选择拒绝该提议，则任何一个玩家都不会获得一分钱。参与者都了解游戏规则。

如果你了解到我这个文化迷在演出当晚卖票的短暂经历，那么你会发现我的个人实验试图检测的主要人类特征是信任——在这种情况下，是指在陌生人之间的信任。如果潜在买家选择拒绝此优惠，我会把未售出的门票留下，潜在买家必须前往售票处购买另一张门票，如果票已经售罄，则会错过。当我以折扣价售出票时，我承担了折扣不能满足买家的物质和情感需求的“风险”，即我的报价会被拒绝，而我手里仍拿着孤零零的票。这种风险是信任定义的核心。

数百项有关信任的研究都是基于最后通牒博弈开展的，结果表明，所提供的金额取决于提供者的性别以及参与双方的文化背景、教育程度、血液中的睾酮水平和其他变量。然而，较为显著的因素就是参与者的一般信任水平。这些实验的大多数参与者提供 40%~50% 的金额。游戏中有一半的响应者在得到的金额比例少于 20% 时拒绝提议者。

最后通牒博弈最初是在 1982 年提出的，用以证明人类行为并不总是理性的。对风险的厌恶、对“公平提议”概念的主观感受以及歧视感是人与人之间可能存在的一些特征。从纯粹的经济角度来看，胜利者应尽可能降低提供的额度，而失败者应该接受任何提供的额度。

最后通牒博弈仍然是人际信任研究中最常用的工具。它基于这样一种假设，即我们每个人所拥有的信任程度，也就是我们本身的可信赖程度，都是难以改变的固定特征。游戏有很多程序，但它无法解释我在音乐厅和迷你实验室里的优雅时刻，当时我手中的票是被人以全价购买的。为此，需要另一个游戏：信任游戏。

信任游戏也是将两个素不相识的参与者配对。投掷硬币的获胜者（玩家 A）获得 100 美元，并且必须决定与其他玩家（玩家 B）分享多少（如果玩家 B 愿意与他分享的话）。实验者承诺将这一数额增加两倍（自费），这样玩家B实际上将获得玩家A愿意放弃的金额的三倍。在游戏的下一个和最后阶段，玩家B必须决定他愿意将多少钱（如果有的话）发送给玩家A。两个玩家都完全了解游戏规则。

假设你是玩家A并且赢了100美元，你会给玩家B多少钱？如果你给玩家B 50美元，他将获得150美元（请记住，实验者将获胜玩家提供的金额增加两倍）。如果玩家B决定将这笔金额平均分配给你，你最终会得到125美元（50美元+75美元），这比你开始时多25美元。如果你给玩家B 33美元，他将获得99美元。如果玩家B决定给你返回30美元（事实上，30%是这场游戏中返回的平均值），你对玩家B给予了信任却没有回报。如果你决定给出100美元，一个完全信任的暗示，你可以将奖金扩大到300美元。如果玩家B回馈你的信任，并平均分配金额，那么每个人最终都会得到150美元。

那些决定只分享部分奖金的人发现，如果有另一位玩家的话，他们对另一位玩家的信任只会让他们支付边际红利。但是25%的赢家表示选择完全信任并转移全部金额，他们发现了和我当晚在剧院发现的一样的道理，即我让买家设定购买门票的价格，如果买家完全信任我的话，就会全额付款。事实证明，你的可信度不是固定的。相反，它会根据他人对你的信任程度而有所不同。信任提升了可信度，随着信任程度的提高，它进一步促进可信赖行为的产生。

信任是长寿的灵丹妙药

2015年，《心理科学》杂志上发表的一篇文章提供了关于该领域最新研究的一些见解，包括信任对健康有益的证据：有高度信任经验的个体具有更强身心幸福感。其中一项研究进行得更为深入，声称相信他人的人比怀疑他人的人更长寿。信任他人的人也不太愿意暴露他们的脆弱性，因为他们期待着别人的积极回应或相信人们本性善良。

这篇文章的作者保罗·范兰格从最近遗传和文化因素对信任发展的影响的研究结果中总结道，今天我们知道遗传是影响精神分裂症（80%）、外向性（至少40%）甚至离婚或政治倾向（约25%）的主要因素。因此，研究遗传因素是否影响个人信任程度是很自然的。但根据研究结果，信任和遗传之间的相关性非常低——仅为10%~20%（该研究调查了同卵双胞胎之间的信任程度，并将其与异卵双胞胎之间的信任程度进行了比较）。

范兰格认为，我们正处在一个信任度下降的时代，除传统观点认为的童年经历在我们的发展中起着核心作用外，后来的经历在信任方面也同样具有影响力。遭遇入室盗窃、政府虐待或意外失业都是破坏信任的强大理由。

影响我们信任程度的后儿童时期经历包括我们从媒体和社交网络中获取信息以及这些信息的性质，这些信息有时非常关键且带有消极性，有时甚至显得盛气凌人。新时代，周围大量有关消极性的研究引用了一些破坏彼此信任的现象，包括我们在涉及诚信和亲社会行为的问题上对他人的优越感，以及我们越来越倾向于将自私的动机归咎于他人的行为。

尽管如此，范兰格还是乐观地总结了这篇文章。虽然我们通过媒体和社交网络的信任侵蚀过滤器来审视我们今天的大部分现实，但“健康的信任确实会在社交生活中产生良好的结果”这个论断仍然是正确的，主要是我们在与他人交往的过程中没有认识到。我们通过与家人和亲密朋友的联系以及在较小程度上通过与同事和陌生人的联系，来微调我们所需的信任程度。

我们发现，近几十年来世界的信任程度有所下降，高墙阻隔了我们对信任重要性的洞察。衡量社会信任程度的共同指标是那些同意“大多数人值得信赖”的受访者以及那些认为“你永远不会对人过于谨慎”的受访者（其他指标考虑了公民在政府、媒体和法院等各种机构中的地位）。过去 70 年来，一些西方国家的信任程度已经下降了 50%。这种现象被广泛归因于媒体的侵略性影响，主要是电视的影响。

即使有些人认为丘吉尔在 20 世纪 40 年代是位受人尊敬的领导者，如果他们每天晚上都在电视上看到他很少在中午之前下床，经常喝醉，并且他的许多言论表明他可能是个种族主义者，那么他们的想法也会改变。这些行为甚至会使人对他演讲稿上的话产生怀疑。如果这还不够，试着想象一下电视上一组专家分析丘吉尔做军事决策时的样子。

日本的钱包

但问题不限于特定领导者的形象。由于社会信任程度被视为检验社会资本的可靠指标，因此许多国家信任程度的急剧下降影响了国家发展的方方面面，以影响经济为主。

不同国家信任水平的广泛多样性提供了一些希望，即一切都没有失去。这些差异或许表明，文化特征可以阻止这一重要社会资产遭到侵蚀。在一项研究中，研究人员在不同的城市的人行道上“丢失”钱包，以考察路人将钱包归还给失主的可能性有多大。

研究人员发现，相比于里约热内卢、伊斯坦布尔或金边，人们更有可能在东京、赫尔辛基或奥斯陆找回丢失的钱包。在一项类似的研究中，研究人员调查了未上锁自行车在世界不同城市消失的时间。在 20 世纪 50 年代后期，爱德华·班菲尔德研究了意大利南部和北部之间巨大的经济差距，他将其归因于这两个地区信任程度的巨大差异。社会信任最终反映了我们相对稳定的预测陌生人行为的能力。当对方也是潜在的商业伙伴时，信任可以促进商业发展或共同投资，因此它成为许多国家层面经济繁荣故事背后难以捉摸的因素。

自第一次最后通牒博弈提出和“丢失”钱包活动以来，在信任两方面展开的研究已经走过了漫长的道路。

在比较斯堪的纳维亚半岛国家与土耳其、印度尼西亚和巴西时，我们发现斯堪的纳维亚半岛国家的信任程度是第二组的六倍。研究人员将信任水平的差距归因于国家环境的不同，主要是社会平等与国家腐败的程度（和透明度）。为了说明文化对信任的影响，研究人员指出，即使第一代移民来自信任度低的国家，他们也采用了新国家普遍存在的更高信任的规范。

我们谈论移民时，一个国家越是同质，信任程度就越高。我们史前祖先的生存需求赋予我们的心理过程，使我们能够识别与我们相似并信任他们的“他人”。在同质社会中，有更多的人与我们相似。另一个发现是，歧视其少数族群的国家会损害整个国家公民的信任程度，而不仅仅是受歧视的少数族群的信任程度。

即使稍微怀疑对防止那些有经济或政治利益需求的人利用我们来说至关重要，我们也需要适当的信任，以避免在怀疑他人动机或可信度的重压之下崩溃。如果没有令人不安的怀疑，那些信任他人的人会更快乐、更健康，甚至如上所述，活得更长久。信任是我们与社区中其他人合作的基础——为了我们自己的福祉和整个社区的利益。因此，社会惩罚在具有高度信任的社会中更有效，这种表述并不奇怪。

如果你同意我们应该向那些有经验的人学习的说法，

那么值得注意的是，研究发现一个人对他人的信任程度不会随着年龄而下降，甚至反而会有所上升。我们的生活经历告诉我们，信任增强了我们建设性解决问题的能力，提高了关系的稳定性，并使我们有时在犯下意外错误后得以自我怀疑。

但最重要的是，正如我在剧院大厅的临时实验室中发现的那样，如果我们承担风险并完全信任一个人，后者可能会让我们感到惊讶并以实物回报我们。有时我们会收到全价票，仅此而已，但有时我们可能会获得一位有价值的商业伙伴，甚至可以与我们共享一生的合作、健康和长寿。

一场美丽竞争的开始

竞争与人类一样久远。竞争对手与我们自己有相似之处，激励我们取得最大的成就

1832年5月25日，约翰·康斯太勃尔忙着为他的杰作《滑铁卢大桥的开放》做最后的润色。作为英格兰最伟大的19世纪风景画家之一，他已为这幅画工作了10多年，并将于第二天在皇家艺术学院第64届年度展览开幕时向全世界展示这一作品。在他的作品旁边挂着J. M. W. 特纳的《海景》，特纳是一位艺术天才。看着康斯太勃尔最后一刻的努力，特纳决定将一幅自己的画加一个额外笔触：漂浮在水面上的红色浮标。

在灰色的天空和大海的背景下涂上一层红色的涂料，这非常引人注目，以至于参观者无法将目光从它上面移开，当然也不会去看康斯太勃尔的画作。这是两位艺术家之间激烈竞争的另一个里程碑。一年前，康斯太勃尔曾在一个展览会中使用特纳的位置，将特纳的画作取下并悬挂在一个侧房中，取而代之的是他自己的画作。

特纳和康斯太勃尔并不是唯一一对创意巨人之间展开史诗般竞争的例子。托马斯·爱迪生和尼古拉·特斯拉都在19世纪80年代发明了电气系统。史蒂夫·乔布斯和比尔·盖茨作为计算机时代的先驱正面交锋。在西方历史上，无论是真实的还是杜撰的，夏洛克·福尔摩斯和莫里亚蒂教授，以及蒙塔格和卡普莱特都是著名的竞争对手。如果你搜索任何著名的人物以及“竞争”这个词，你会发现一些有趣的结果。

我们可以将一些竞争视为一种由相互迷恋驱动的超级竞争，竞争对手推动彼此成就螺旋式上升，并且相互投入更多的精神和情感资源，这些资源并非靠着上天的恩赐。2014年，纽约大学心理学家加文·肯达夫在两组涉及本科生和跑步者的研究中发现，竞争对手间往往具有相同的年龄、性别和社会地位。真正的竞争对手彼此了解，而且确实有长期交锋的历史。根据定义来看，竞争对手是均匀匹配的——但是他们的成就越高，他们互相推动的程度就越高。

竞争可以是双刃剑：它不仅促进了成就的取得，而且有时也带来了不道德的行为，如撒谎、欺骗或偷窃。在一系列研究中，肯达夫发现那些为竞争做好准备的人对马基雅维利主义的行为更加开放，更有可能在认知任务中夸大积极的结果。竞争可以解释各行业高层的丑闻和渎职行为，甚至可以解释近期经济崩溃背后的一些风险行为。

竞争的社会戏剧性与其中的敌意和侵略性掩盖了更深层次的潜意识动态。我们可能会认为我们的克星是自己的极端对立面，但正如基尔杜夫的研究所表明的那样，我们的竞争对手比我们承认的更像自己。虽然这可能看似违反直觉，但事实上竞争对我们来说可以带来好处：承认竞争对手共享我们最重要的特性，无论好坏，都可以帮助我们提升我们的水平并获得我们需要的一些洞察力，以获得更大的成功。

奥逊·威尔斯在他的电影《黑狱亡魂》（1949）中总结了这样一个想法："在意大利，在波吉亚的统治下，他们有战争、恐怖、谋杀和流血——但也诞生了米开朗琪罗、达·芬奇和文艺复兴。在瑞士，他们有兄弟之爱——他们有 500 年的民主与和平，这产生了什么？布谷鸟钟。"虽然看似讽刺，但艺术历史学家倾向于认同文艺复兴的诞生归功于两位为设计佛罗伦萨洗礼堂的铜门的资格的艺术家之间的竞争。1401 年，布料进口商协会宣布参加竞赛，为这座建筑设计一套门——佛罗伦萨最古老的建筑之一，诗人但丁和著名的美第奇家族成员在此处受洗。洛伦佐·吉贝尔蒂时年 23 岁，他赢得了委员会的欣赏，击败了比他更成熟的对手菲利波·布鲁内列斯基。吉贝尔蒂的胜利引领了一种新的艺术风格，更加倾向自然主义，更加强调主题的视角和理想化。虽然他花了 21 年才完成任务，但这一作品引发了竞争狂潮，成为文艺复兴时期的标志。

事实上，文艺复兴时期最重要的艺术成就发生在罗马、佛罗伦萨和威尼斯之间的小区域，那里当时只有几十万人。基督教世界最大的圆顶大教堂之一就是佛罗伦萨大教堂。由于文艺复兴时期的巨人如布鲁内列斯基、达·芬奇、米开朗琪罗和拉斐尔之间的竞争，绘画中的线性透视得以诞生。

根据当代艺术史学家乔尔乔·瓦萨里的说法，这一时期的精英艺术家之间展开竞争很普遍。罗马万丽酒店是所有有志为梵蒂冈工作的熟练艺术家的家园，梵蒂冈是当时最大的单个雇主。在这样一个受限制的环境中，竞争的强度催生了艺术作品，这些作品仍然悬挂在世界精英博物馆中。为了比较技巧和风格，不同艺术家并肩展出绘画的做法自然会增加每位艺术家的压力。拉斐尔在他的作品中创造了新的高度，当时他设计了10块由教皇利奥十世委托的挂毯，悬挂在西斯廷教堂由米开朗琪罗设计的神圣的天花板下。除了米开朗琪罗，所有人都对结果表示赞赏。

这不足为奇。著名的雕塑家和画家也因为脾气而闻名。当年轻英俊的拉斐尔第一次到达罗马并接到教皇朱利叶斯二世的委托时，米开朗琪罗将他称为一个可恶的对手并继续一再指责他剽窃。有一次，米开朗琪罗在隔板后面制作了他的天花板杰作，以便将它隐藏在拉斐尔的作品之中。拉斐尔为了表达自己的想法，在雅典学院米开朗琪罗的壁画作品中加了一个坐着的人物。由于这些“阴谋”，两大巨头之间的竞争成为艺术史上著名的竞争之一。

直到16世纪后期，科学竞争才抬头。也许最引人注目的早期竞争当数牛顿和莱布尼茨之间的，他们两个人都声称自己是第一个发明微积分的人——今天广泛认为是由他们各自独立发明的。这种不和造成了英国和欧洲数学学会之间的分歧，一个多世纪以来，它们之间几乎没有交流过任何科学知识。

在18世纪早期，牛顿在竞争率先发明微积分方面似乎没有采取任何行动。1712 年，伦敦皇家学会发表了一份文件，授予牛顿对其发明的所有权并诋毁莱布尼茨。然而，当时担任该协会主席的是牛顿，他亲自任命所有委员会成员，甚至自己编写了大部分文件。这两个数学巨星从未见过面，而关于莱布尼茨是否从未接触过牛顿的作品也尚不明确。人们只能想象在公共平台上争论产生的有效思想如何促进微积分的引入和随后的科学发展。

19 世纪法国散文家约瑟夫·朱伯特说："论证或讨论的目的不应该是胜利而是进步。"一旦新的社团及其出版物使信息更容易获得，科学家、研究机构甚至国家之间的竞争便开始带来新的发现。新闻界对新事物的兴趣使得公众更多地接触到科学。在一个值得注意的案例中，托马斯·赫胥黎和 19 世纪英国生物学家理查德·欧文之间的纠纷，使人们开始关注查尔斯·达尔文的进化论，这一理论在当时还鲜为人知。

古人类学家唐纳德·约翰逊和理查德·利基之间在谁发现了最古老的化石上有争议，这些化石来自非人类物种，这是近年来激烈的科学争议之一。约翰逊发现的骷髅"露西"，据说大约有 320 万年历史，而利基发现的"图尔卡纳男孩"，人们认为比露西年轻 150 多万年——

二者都被其发现者声称是广为流传的人类和猿之间的“缺失”。即使对科学来说，他们的公开争论也是非常令人瞩目的。自 1981 年以来，他们拒绝同台，但最终二人于 2011 年 5 月在台上相遇，解释了他们的立场并在纽约美国自然历史博物馆举行的一次高调宣传活动中接受了采访，而他们的分歧首次爆发时间是三十几年前。

三十几年后，他们日渐衰老也日渐睿智，二人表达了一种真诚的愿望——将两人产生隔阂后诞生的伟大发现和各自的发现结合起来。这两个人相互促进的关系也很清楚：虽然利基发现了大量的化石，但约翰逊更擅长解释其发现。

竞技体育中充满了竞争。无论是足球运动员、拳击手还是赛车手，总会有大量的粉丝。在 1969 年的“足球大战”之后，没有任何东西能够与萨尔瓦多向洪都拉斯宣战的热情相提并论。虽然真正的原因是经济因素，但当两队球迷在国际足联世界杯预选赛中发生激烈冲突时，情绪一下子爆发了。第三场决定性比赛于 1969 年 6 月 26 日在墨西哥城举行。萨尔瓦多队在加时赛后以 3 比 2 获胜。同一天，萨尔瓦多解除了与洪都拉斯的所有外交关系，这两个国家在不到三周之后就爆发了战争。

虽然部落忠诚肯定在某些科学和国家竞争中发挥作用，正如一些故事所反映的那样，但它无法解释许多其他历史性的竞争。为此，许多人试图揭示科学或现代企业家的激烈竞争有什么共同之处。一个有趣的发现是，许多为优先权和名望而斗争的人在童年时期都缺失父母一方的爱。

2006 年，我协助特拉维夫大学的卡洛·斯特伦格研究以色列高科技企业家的特征，后者是著名的存在主义心理学家和哲学家。我们共同撰写了名为《莱昂纳多效应》的论文，这篇文章受到了 1910 年发表的一篇文章的启发，其中弗洛伊德讨论了缺失父爱的情况如何影响达·芬奇的早期发展。我们的研究一致发现，许多男性企业家往往体会过父亲的体弱、慵懒、辱骂或缺席。“父性缺乏”是我们用来描述这些现象的术语。这些现象促使这些高科技高手们取得成功，因为他们早就学会了成为自己的父亲。这个杰出的名单包括牛顿、达尔文、拉瓦锡和甲骨文公司的拉里·埃里森，他们的排名与 20 世纪 90 年代的比尔·盖茨不相上下。

当人们面对竞争对手时更加努力，这是不是反映了更深层次的事情呢？美国科学历史学家弗兰克·苏洛威在

《生来叛逆：出生顺序、家庭动力学和创造性生活》(1996)中说，最有竞争力的往往是长子。苏洛威表示，父母关注这一资源的有限性是引发兄弟姐妹间竞争的源泉，这种说法引用了进化论作为理论基础。第一个出生的孩子利用其体形和力量优势来维护自己的地位，更有可能在身体或智力领域胜出。年幼的兄弟姐妹往往会破坏现状并形成反叛的个性。在一项极为细致的研究中，苏洛威分析了18世纪和19世纪间4000名研究人员和科学家的传记，其中包括83个家庭的兄弟姐妹。他发现，家庭中的弟弟妹妹比一个长子支持创新理论的可能性高7.3倍。但是，长子参与竞争的机会比弟弟妹妹高出3.2倍。你猜对了：牛顿和莱布尼茨是他们家里的长子。特纳是哥哥，康斯太勃尔的哥哥在智力上有缺陷，所以成功的责任落在他身上，好像他是最年长的一样。

当然，故事的原型是该隐，他在《圣经》中犯下了第一个因嫉妒产生的谋杀案。2012年都柏林理工学院对兄弟姐妹关系进行了全面研究，结果发现，尽管大多数人支持自己的兄弟姐妹，但有些人表现出激烈竞争的敌对态度。我们当前的文化以成就为导向，1/3的兄弟姐妹之间存在竞争和情感疏远，15%的兄弟姐妹之间甚至没有相互交谈，这种现象不足为奇。如果兄弟姐妹间年龄差距很小，没有性别差异，或者其中一人智力过人，那么彼此的竞争就会更为激烈。

然而，所有这些解释仍然缺少一些东西。人们对科学、体育或商业的态度并不敏感，只有个人的品质才是真正让我们敏感的东西。对于竞争的深刻探索来自心理学家卡尔·荣格，他是分析心理学的创始人，他说我们与竞争对手之间有更多共同点，这比我们想承认的还要多。竞争对手中引起我们敌意的品质正是我们喜欢在自己身上压抑的品质，弱点、焦虑、贪婪、侵略、欲望和粗鲁都是一些常见的例子。荣格把这种特征称为“阴影”。

根据弗洛伊德的理论，我们不想承认自身欲望，其方式便是否认他人的存在，并将这些欲望“投射”到其他人身上，进而保护自己。这使我们将品质、意图和欲望归因于其他人，而这些东西实际上都属于我们自己。荣格认为，这种欲望深埋在我们思想中的“阴影”部分。我们对于内心的“阴影”认识越少，它就变得越黑暗浓重。如果我们将自己“阴影”中的品质投射到潜在的竞争对手身上，而竞争对手也采取同样的做法，我们很容易发现自己已陷入激烈的冲突。更糟糕的是，如果没有竞争对手，我们可能会觉得自己缺乏独立的存在，并且会陷入“阴影”的黑暗，而找不到投射阴影的地方。

荣格的“阴影”概念为竞争对手和我们之间的关系增添了一些空间。荣格认为，我们的“人格”是我们希望成为的样子，也是我们希望世界在我们身上看到的东西——是与其他人见面时，自己的面孔。“自我”是我们有意识的自我，“阴影”是隐藏在我们社会面具背后的黑暗面，我们更喜欢忽视、压制它。随着我们慢慢长大，理解了周围的文化习俗，我们就会选择那些社会可接受的自我部分，并将其归类为“自我”，同时压制社会上不受欢迎的特征——将它们放入“阴影”中，这些特征继续成为我们不了解的内容。这些特征通常是消极的，但也可能是好的。它们甚至可能是在特定社会或文化环境中遭到忽视的高贵品质。任何设法遏制他的“阴影”并意识到它的人，可能会惊讶地发现，这里不仅有可耻的品质，还有一些特别正面的品质。

荣格表示，“自我”和“阴影”具有相同的起源并保持完美的平衡：个性中的意识部分越清晰，我们的“阴影”自我就越明确。相反也一样：没有包含“阴影”的自我会带来心理创伤。

看看你的“阴影”，找出你的终身对手——愤怒的源泉，也许还有你的创造力。如果你对某人有特别强烈的负面反应，并认为他是一个十足的浑蛋，那就再想一想。这可能反映了你的“阴影”。

荣格的朋友爱德华·伯内特将这种现象描述为一种直觉反应，通过尖锐的批评或彻头彻尾的指责，将我们情感的来源投射到另一种情感上。我们在讨厌某人时，是讨厌他们身上那些属于我们自己的某些东西；如果我们没有从潜意识中认识到自己在另一个人身上存在的特征，那么我们就不会深受困扰了。

将我们的“阴影”投射到他人身上总是比承认和吸收“阴影”更容易。别人将其“阴影”投射到我们身上时，这种行为也促使我们将“阴影”投射回他们身上，除非我们意识到正在发生的这件事。但是，即使对聪明的人来说，要抵挡这种动态变化也需要不同寻常的自我意识。为什么我们要抗拒呢？就荣格而言，影子是创造力的沃土。在《拥有你自己的“阴影”》（1991）一文中，罗伯特·约翰逊（美国著名的荣格学派作家、分析家）解释了为什么竞争对手往往出现在极富创造力的人之间：狭隘的创造力总会带来狭隘的“阴影”，而人才越多，占据黑暗的部分越大。你越有创意，你参与竞争的机会就越大。你参与的竞争越激烈，你取得显著进步的机会就越大。

湖的守护者

动用个人利益保护社会资产

5% 的人没有从音乐中获得任何乐趣。来自巴塞罗那大学的研究人员在为一项旨在评估听音乐的情感影响的研究进行候选人筛选时，惊讶地发现，每 20 名候选人中就有 1 名对他们演奏的旋律没有任何生理反应，他们的家中没有音乐播放器，他们也不会通过电脑听音乐。相同比例的人群（5%）是色盲或食物过敏人群。

在大自然赋予的特征中有一些令人着迷的东西，包括重要的个人特征。每 20 个美国人中就有 1 个患有严重的心理问题，如精神分裂症、持续的抑郁症或双向情感障碍。因此，另一项研究发现，几乎每 20 位企业高管中就有 1 位可能是精神病患者，这一点都不足为奇。当它反映个人选择时，1∶20 的比例是吸引人的：当你成为 5% 的人口时，你是特殊的，但无论好坏，你并不孤单。每 20 个美国公民中就有 1 个是素食主义者。

心理学中的大五模型（我们在《我见过快乐的保守

派》的文章中已经提过）将人类基本特征归结为五个维度（对新体验的开放性、责任心、外向性、亲和性和神经质），并认为我们可以通过在每个特征中自己的排名来定义我们的个性。尽职尽责表示我们愿意努力工作，专注并承担责任——简而言之，我们将所有品质归功于我们所定义为“认真”的品质。

引用美国作家拉什·林博的话说：“你希望至少 5% 的人是认真的。你听说过那个古老的公理：‘有 5% 的人拉着马车，95% 的人在马车里。’”

事实上，当我们看待社会和个人责任时——我们的价值观、责任心和意志力得到表达——我们发现在很多方面支持 1∶20 的比例。例如，20 个人中只有 1 个人在去洗手间后正确洗手。密歇根大学的研究人员惊讶地发现，3749 名访客进入公共浴室后，10% 的人根本没有洗手，有 1/3 的人没有使用肥皂，只有 5% 的人使用肥皂洗手并超过 15 秒，这是消灭细菌和各种污染物所需的洗手时间。（顺便提一下，女性在个人卫生习惯方面比男性好。）

1∶20 也是在节食减肥并且随着时间的推移保持较低体重的人口的比例。5% 是在缺乏立法或鼓励器官捐赠的特别计划的情况下西方国家的器官捐献者比例。如果我不得不做出猜测，可能每 20 个人中就有 1 个会写一份遗嘱，以此对他们在生活中积累的东西以及他们将留下的东西负责。

想象一下，社会资本池和社会中的人际信任水平就像一个供水有限的湖泊，而社会中的个体就是生活在靠近湖泊的村庄里的渔民。很容易理解为了村里的未来需要限制居民捕鱼——以防止鱼类数量降低到危险水平。超过捕捞配额的渔民将大大改善他的生活状况，但如果许多人采取同样的行动，鱼类供应将迅速减少，每个人都将遭受损失，包括超过配额的渔民。许多人无法抵挡超过捕捞配额的诱惑，社会制度并没有谴责他们，有时甚至赞扬他们的成功。

但是有一些人不仅按照配额捕捞，而且还试图说服其他人这样做；他们努力研究如何丰富渔业并确保其长期可持续性。我称之为“湖的守护者”，我已经清楚地知道，每 20 个人中就有 1 个这样的人。你是吗？

结语

死亡象征

卡迈恩·福特于1908年11月26日出生于意大利，他是一家不起眼的咖啡馆老板。2007年2月28日，近百岁的福特在睡梦中逝世，作为一位英国男爵，也是连锁酒店福特集团的创始人。福特4岁时从意大利移民到苏格兰，26岁时在伦敦高档街区开了一家咖啡店。他很快就开始拓展餐饮和酒店业务，并于1970年获得骑士勋章，1982年被封为男爵。当然，福特和他的妻子也因对绘画和其他艺术作品的不懈收藏而闻名。

2012年6月，福特的继承人要求伦敦的佳士得拍卖行出售死者的部分藏品。此次拍卖活动展出了这对夫妇的各种物品，它们此前被放在他们贝尔格拉维亚区豪华的家中。许多物品陈列在佳士得拍卖行四个宽敞的试展馆墙壁上、搭配的橱柜中，它们证明了福特夫妇的精致品位和艺术兴趣的广度：从俄罗斯瓷器、威尼斯风景画到桌前的椅子。此次拍卖会的丰厚收获是资本—政府关系的悲惨证明：这些都是福特从意大利最后一任国王翁贝托二世那里得来的礼物，后者在1946年上任，在位仅34天，在意大利成为共和国后永久离任。

在他们还在世时，这些藏品给予福特家族无限欢乐，而如今这些藏品计划于上午10：30在拍卖主厅拍卖。房间里有50把左右的椅子供感兴趣的人就座，房间两侧的两个长柜台是12名佳士得员工的专座，他们准备接在拍卖预览中看过这些物品的匿名客户的电话订单。在这种拍卖中，大多数交易都是通过电话处理的，因此买家不会看到彼此。几张待售的画作都悬挂在房间的墙壁上。其中较突出的是威尼斯风格画家弗朗西斯科·瓜尔迪绘制的两幅威尼斯风景画。他风格明显，让几代伪造者很容易模仿，以至于他死后比他活着时更加“多产”。

10:30，来自佳士得的拍卖师登台，他的手中握着木槌。如果没有这个木槌，公共拍卖行的拍卖师就没有了任何存在感。在拍卖师的头上是一块大屏幕，上面显示每个项目和最新的出价。屏幕的下半部分将出价从英镑转换为其他五种货币，以减轻新贵的痛苦，他们不知道如何将英国货币汇率转换为他们的汇率。拍卖师准备推出第一件藏品，一对19世纪的大墙饰，最初来自意大利威尼托，起价为 5000 英镑。经验丰富的交易员总是坐在后排，他们可以更舒适地观察拍卖中的小高潮，即当两个买家想要这个藏品并且每个人都提高出价时，最终的价格往往远远超出它的最初价。熟练的拍卖师不会在便宜的物品上浪费时间。这些藏品迅速在 30 秒内成交，完成了交易。其中包括业余买家的一些讨价还价环节，他们也想涉足这一行业，而那些新贵早已谙熟于心。价格较高的物品会给拍卖商和买家留出大约 1 分钟的时间。那些昂贵的藏品往往被经验丰富的交易者和专业的藏家看中，他们通常采用电话咨询的方式，并且他们会在做出决定性决策之前犹豫不决，然后深呼吸几口。每件藏品总共耗时约 3 分钟。

十四五个人挤在房间里。其中一名男子穿着西装，皮肤黝黑，身材有些肥胖，他正在等待获得他想要的东西——一件乌木的由黄铜镶嵌的红色玳瑁衣橱，起价 12000 英镑。拍卖师详细介绍了制作它的法国工匠，并且滔滔不绝地讲述了这件精致物品的历史。

人们只能想象主人的妻子第一次看到它时的兴奋，这可能发生在另一场公开拍卖中。这件衣橱未能超越拍卖行专家评估的上限，最终以 17000 英镑的价格落入这名肥胖男子手中。

坐在大厅里的几个人很快见证了新贵的电话竞争，他们寻求获得散落的装饰品。第 13 号藏品在房间里引起一阵骚动。这是萨沃伊家族的物品，是最后一位意大利国王送给福特的四件礼物中的第一件。它是以罗马的喷泉为原型的墨水瓶架。这个小雕塑是由青金石、斑岩和缟玛瑙制成的，不到一分钟时间，它的价格就从 17000 英镑上涨到 52000 英镑，这个价格是意大利的一位买家通过电话提供的，他是皇室房屋、喷泉和玛瑙的粉丝。

拍卖师是时间和节奏的掌握者以及善用人类声音技巧的专家，但那些电话竞争者不受任何变动的影响（这些往往影响那些身处拍卖室中的观众），这在某种程度上降低了拍卖师的效率。但佳士得拍卖行的电话工作人员激情满满地接听着每个可能带来数万英镑收益的电话，将这种热情传给他人。

有位衣着整洁的日本年轻女子从拍卖开始就一直坐在房间里，准备买第 23 号藏品——一张简单的玻璃桌，她以拍卖师的起始价 200 英镑购买，工作人员首先把她带到了房间，这显得她颇具贵族气质。第 28 号藏品是来自伊斯法罕的祈祷地毯，卖给了一个似乎刚从午睡中醒来，身穿破烂衣服，与奢华的大厅显得格格不入的人。这名经验丰富的地毯商人在破旧的外套下发现这一作品，轻轻地将这件物品添加到他所拥有的地毯库存中。男爵的精神弥漫在房间里，不禁让人感到难过，这件美丽的藏品卖给了从未与他的人生有关联的人。接下来，10个俄罗斯纸盒被抢购一空，之后拍卖师又展出了一系列精致的展品，它们大大拓展了这些新贵的眼界。这些分散的藏品都拍给了那些为数不多的竞拍者中出价最高的人。

大厅里的一名妇女打了几下喷嚏，几乎扰乱了第33号藏品的拍卖，这是一个桃花心木的挂钟。拍卖师暂停了一会儿，以确定这是不是买方的报价信号。纸巾可能散发的病菌和财富相比微不足道。房间里的几个人在手中翻阅目录，试图估量距离自己感兴趣的物品出售还剩多少时间。

每次拍卖的平均时间不到一分钟。数十年的藏品的出售在三个小时内不可避免地落下帷幕。大部分商品接近最低价格。剩下的唯一希望就是这些商品能带给它们的新主人一点小小的生活乐趣，当然，前提是他们设法在许多要关注的事物，包括其他收购品中找到时间，来尽情享受它们。

我见过你们人类难以置信的事，我见过太空飞船在猎户星座的边缘被击中，燃起熊熊火光。我注视万丈光芒在天国之门的黑暗里闪耀。所有记忆中的时光，就像落入雨中的泪水，都将湮没在时间的流逝中。时光已死。

这是罗伊·巴蒂在雷德利·斯科特的精彩电影《银翼杀手》（1982）最后一幕中的一段独白。这令人难忘的电影文本被称为“雨中泪水”的独白。巴蒂是一个类人的机器人，在他短暂的生命到期之前，他在倾盆大雨中说出了伤感的话。荷兰演员鲁特格尔·哈尔扮演巴蒂，并写下了这名机器人说的最后一段话。哈尔在这里是以影片中所扮演的类人机器人的身份讲话——他的记忆交织了星际战役的内容——还是以自己的人类身份以及个人记忆倾诉呢：他遇到和爱过的人；他在童年时听到风吹过花园里的树木，沙沙作响；每周休息日的特殊时光；以及他职业生涯的高峰和低谷。他知道，所有这些记忆都会像雨中的泪水一样消失殆尽。

想到罗伊·巴蒂的独白，我会问自己这样一个问题：在我如今的生活中，有没有一些办法改变我在未来面临问题时产生的反应呢？我不是在探讨破坏甲骨文上的预言，或者改写最后一章无法避免的希腊悲剧。由于我无法体验他人的生活（用奥斯卡·王尔德的话来说，因为他人已经在过自己的生活），对我来说，剩下的就是以责任感过好自己的生活，这种责任感来自那些享受过一次就可以创造有意义生活的人。

我为书中的一篇文章选定的名字为《有一天，我变年轻了》，这可能说明我承认了时间的不可逆性，但这也释放了一些积极因素，因为有些人意识到，我们现在的行为会产生一些回忆，这些都是以后我们人生暮年之时想要珍惜的。为了过上有意义的生活，我们应该考虑一下，我们在行将就木之际会后悔的事情。我们应该认识到自己智力的局限性和对偏见的敏感性，此外，这种认识以及我们对宇宙中有限空间的理解，也会给我们带来一种谦逊的态度，我们应该采取这种谦逊的态度。如果我们认识到自己与他人相似，那么我们就能够用包容、慷慨和接纳的态度为人处世，而这种态度可以给所有人带来希望，但首先是可以给我们自己带来希望。

北京市版权局出版境外图书合同登记号　图字：01-2019-1710

图书在版编目(CIP)数据

聪明人为什么会犯愚蠢的错误 / (以) 雅各布 · 布拉克 (Jacob Burak) 著 ; 何佩莹译. —北京：中国法制出版社，2020.6

书名原文: How to Find a Black Cat in a Dark Room

ISBN 978-7-5216-1009-3

Ⅰ. ①聪… Ⅱ. ①雅… ②何… Ⅲ. ①社会心理学—通俗读物 Ⅳ. ①C912.6-0

中国版本图书馆CIP数据核字(2020)第063936号

策划编辑：李佳
责任编辑：李佳　冯运　　　　封面设计：汪要军

聪明人为什么会犯愚蠢的错误

CONGMINGREN WEISHENME HUI FAN YUCHUN DE CUOWU

著者 / [以] 雅各布 · 布拉克

经销 / 新华书店

印刷 / 三河市国英印务有限公司

开本 / 880毫米 × 1230毫米　32开　　　印张 / 8.5　字数 / 136千

版次 / 2020年6月第1版　　　2020年6月第1次印刷

中国法制出版社出版

书号ISBN 978-7-5216-1009-3　　　定价：42.80元

北京西单横二条2号　邮政编码100031　　　传真：010-66031119

网址：**http://www.zgfzs.com**　　　**编辑部电话：010-66034985**

市场营销部电话：010-66033393　　　**邮购部电话：010-66033288**

（如有印装质量问题，请与本社印务部联系调换。电话：010-66032926）